Peter Blaho
Peter Mach
Matej Pekarik

SPECTRUM SLOVAKIA Edition
Band 9

IUSTINIANI AUGUSTI DIGESTA SEU PANDECTAE
Bibliographia selecta

VEDA
PUBLISHING HOUSE
OF THE SLOVAK ACADEMY OF SCIENCES

PL ACADEMIC RESEARCH

Bibliografische Information der Deutschen Nationalbibliothek
Die Deutsche Nationalbibliothek verzeichnet diese Publikation in der Deutschen Nationalbibliografie; detaillierte bibliografische Daten sind im Internet über http://dnb.d-nb.de abrufbar.

Autoren: Dr.h.c. prof. JUDr. Peter Blaho, CSc.
Mgr. Peter Mach, PhD.
Mgr. Matej Pekarik, PhD.

Trnava University
Faculty of Law
Slovak Republic
prf@truni.sk

Die Publikation ist ein Ergebnis des Projektes VEGA Nr. 1/0568/14.

Verantwortlicher Koordinator: Dr.h.c. prof. JUDr. Peter Blaho, CSc.
Graphik und Umschlag: © Jana Sapáková, Layout JS.

ISSN: 2195-1845
ISBN: 978-3-631-65002-8
© Peter Lang GmbH
Internationaler Verlag der Wissenschaften
Frankfurt am Main 2015

ISBN: 978-80-224-1475-3
© VEDA, Publishing House
of the Slovak Academy of Sciences
Bratislava 2015

PL Academic Research ist ein Imprint der Peter Lang GmbH.

Peter Lang – Frankfurt am Main • Bern • Bruxelles • New York • Oxford • Warszawa • Wien

Diese Publikation wurde begutachtet.

www.peterlang.com www.veda.sav.sk

CORPU
CIV
In quatuor p
DIONYSIO GO
AUC

Appendicis & Auctarii loco, a
Editionibus de

FRANCISCI MO
ad omnes L. Pandectarum

Index tandem Titulorum omnium recen
docebit, Studiosæ Juventuti alii, exopta
Præfatio Indicem hun

Omnium verò & Sing
versæ pagina

Editio omnium novissima, Sacra
Rom. Imp

IS JURIS

I L I S

rtes distinctum,

OTHOFREDO JC.

T O R E,

Cui

iquot, quæ prioribus hujus formæ

ierunt, adjecta sunt,

primis

DII JC. BRUGENSIS

n & XII. Codicis libros Notæ;

s confectus, accuratissimus, & quod Usus

ssimus, cujus Ordinem totiusq; Operis Rationem,

præcedens, dilucide exponet:

ulorum contenta Syllabus

affixus monstrabit.

ssimo Principi, D. LEOPOLDO,

PP. Aug. dicata.

Argumentum

Einleitung

In der rechtshistorischen Wissenschaft sind die *Digesten* ein Thema mit beträchtlicher Wirkung, mit anderen Worten: ein Thema par excellence. Und man kann durchaus behaupten, dass sie am Ende der Antike bzw. im frühen Feudalismus eine wesentliche Rolle spielten, weitreichend in das mittelalterliche Recht eingriffen, die geistige Grundlage für das neuzeitliche Recht aufstellten und mehr oder weniger die Richtung von Rechtsprinzipien des heutigen Rechts bestimmten. Es ist nicht übertrieben zu behaupten, dass die *Digesten* in außergewöhnlichem Maße die europäische juristische Denkweise beeinflussten. Seit dem Ende des 11. Jahrhunderts, als die *Digesten* im Westen „entdeckt" wurden, wirkt deren Autorität ununterbrochen fort. *Digesta* studierten Generationen von Juristen - sie fanden in ihnen Inspiration bezüglich des Nationalrechts, oder lehnten sie ab. Es gab Zeiten, in denen an den juristischen Fakultäten spezielle *Digesten*-Lehrstühle existierten. Anfangs waren zwei Disziplinen für den gesamten Bereich ausreichend: das kanonische Recht als Kirchenrecht und das römische Recht als weltliches Recht. Das Studium des römischen Rechts bestand aus *Institutiones*-Unterricht und, in den höheren Lehrgängen, aus der Beschäftigung mit *Codex* und *Digesta*. Dieser Zustand dauerte - mit gewissen Modifikationen - ab dem 12. Jahrhundert über mindestens 400 Jahre an.

Die *Digesten* - wie bekannt - bezeichnen Institute des antiken römischen öffentlichen Rechts, aber vor allem die des Privatrechts. Mehrere von ihnen werden zwar als historisches Gut verstanden, gehören jedoch nicht in die Kategorie der juristischen Fossilien. Die *Digesten* bestehen aus Auszügen (Fragmenten) aus Werken klassischer römischer Rechtsgelehrter, für die die *iuris prudentia* zu einer lebenslangen unentgeltlichen Berufung wurde. Sie ließen sich von den Idealen der Gerechtigkeit (*iustitia*) und der Billigkeit (*aequitas*) leiten. Allseits bekannt ist *exempli causa* die in die Digesten inkorporierte kleine Notiz des römischen Rechtsgelehrten Paulus: „Überall, vorzüglich jedoch im Recht, ist die *aequitas* zu berücksichtigen." (Paul. D 50,17,90).

Von diesen Erwägungen ermutigt, haben wir die Entscheidung getroffen, eine Digesten-Bibliografie zu erstellen . Mit dieser Bibliografie bezwecken wir einerseits, der mehr als tausendjährigen Bemühung der Juristen Wertschätzung zu zollen, die sich wissenschaftlich mit den *Digesten* beschäftigten. Andererseits geht es uns darum, das 1480. Jubiläum der gesetzlichen Verabschiedung der *Digesten* in gebührender Form zu feiern. Anfangs hatten wir die Absicht, die Liste chronologisch zu konzipieren, um lediglich den Forschungsstand zu einer bestimmten Zeit darzustellen. Davon haben wir jedoch abgesehen, denn wir hätten so den in diesem Falle eher begründeten sachlichen Aspekt nicht berücksichtigen können. Soviel wir wissen, ist unsere Bibliografie der erste derartige Versuch in der romanistischen Fachliteratur, wobei wir die Tatsache betonen möchten, dass die vorgelegte Liste selektiv ist. Es ist offensichtlich unmöglich, eine vollständige Bibliografie zu erstellen. Der Grund dafür ist, dass die *Digesten* großenteils den Begriff des römischen Rechts und sein System umfassen, sind sie doch eine der Hauptquellen des römischen Rechts. In dieser Hinsicht ist daher nicht von großer Bedeutung, welches römische Recht sie erfassen. Ganz und gar nicht entscheidend ist die Qualität des überlieferten Textes - diese ist in der Geschichte der *Digesten* ohnehin einer erbarmungslosen Kritik ausgesetzt worden.

Hiermit legen wir unser bescheidenes Werk als einen Beitrag zur Digesten-Geschichte mit der Überzeugung vor, richtig verstanden zu werden. Wir tun dies zu Beginn des 21. Jahrhunderts, in einer Zeit, in der sich Europa auf den gemeinsamen Weg zur Einigkeit macht - deren Grundlagen in römischrechtlicher Tradition wahrnehmend. Wir schließen mit den Worten Kaiser Justinians aus dem 6. Jahrhundert, deren Aktualität bis heute andauert: „Da sich nun unter allen Dingen nichts findet, was zu erfassen so viel Mühe erfordert, wie die Macht der Gesetze. (*Constitutio Deo auctore*, § 1).[1]

[1] Nach O. Behrends,/R. Knütel/B. Kupisch/H.H. Seiler: Corpus Iuris Civilis. Text und Übersetzung II. Digesten 1-10, Heidelberg (1995), p. 55.

Index abbreviationum

AHDE	Anuario de historia del derecho español, Madrid
AG	Archivio giuridico, Bologna
Archi: L'imperatore	G. G. Archi (ed.): L'imperatore Giustiniano: Storia e Mito. Giornate di Studio a Ravenna 14-16 ottobre 1976, Milano (1978), VIII+328 p.
Atti d. Congr.	Atti del Congresso internazionale di diritto romano e di storia del diritto, Verona 27-28-29 IX 1948, Milano (1953)
Atti d. Congresso	Atti del Congresso internazionale di Studi Accursiani, Tom. I-II, Bologna 21-26 ottobre 1963, Milano (1968)
Atti del Congr.	Atti del Congresso internazionale di diritto romano, Tom. I-II, Bologna e Roma 1933, Pavia (1934 – 1935)
bibl.	bibliographia
BIDR	Bulletino dell'istituto di diritto romano "Vittorio Scialoja", Roma (1888 – 1939), Milano (1940 –)
Byzantinoslavica	Byzantinoslavica. Revue internationale des études byzantines, Praha (1929 –)
Byzantion	Byzantion. Revue Internationale des Études Byzantines (1924 –)
col.	columna, columnae
Conferenze	Conferenze per il XIV centenario delle Pandette 15. dicembre 530 – 15. dicembre 1930, (Pubblicazioni della Università Cattolica del Sacro Cuore, Serie seconda: Scienze Giuridiche, Volume 33), Milano (1931), X+373 p
CPH	Czasopismo Prawno-Historyczne, Poznań-Warszawa
e.a.	et alii
ed.	editor, edidit, editio
eds.	editores, ediderunt

Ernst: WRR	W. Ernst (ed.): Horst Heinrich Jakobs. Kleine Schriften zur Wissenschaft vom Römischen Recht – Digesten – Glosse – Savigny, Goldbach (2004), X+617 p.
Fs	Festschrift
Fsg	Festgabe
i.	imago, imagines
Index	Index. Quaderni camerti di studi romanistici. International Survey of Roman Law, Napoli
Ius Commune	Ius Commune. Veröffentlichungen des Max-Planck-Instituts für Europäische Rechtsgeschichte, Frankfurt a. M. 1, 1967 – 14, 1988
IVRA	IVRA. Rivista Internazionale di diritto romano e antico, Napoli
JAP	Juristische Ausbildung und Praxis, Wien
JR	Justičná revue, Bratislava
JuS	Juristische Schulung. Zeitschrift für Studium und Ausbildung, München
Kleinheyer/Schröder: DEJ	G. Kleinheyer/J. Schröder (eds.): Deutsche und Europäische Juristen aus neun Jahrhunderten. Eine biographische Einführung in die Geschichte der Rechtswissenschaft, 5. ed., Heidelberg (2008), XVI+605 p.
Labeo	Labeo. Rassegna di diritto romano, Napoli
Le Pandette	Le Pandette di Giustiniano. Storia e fortuna di un codice illustre. Due giornate di studio Firenze 23 – 24 giugno 1983. (Accademia Toscana di Scienze e lettere La Colombaria, Studi 76). Firenze (1986), 215 p.
NDI	Novissimo Digesto Italiano, Torino
NRH	Nouvelle Revue Historique de droit français et étranger (ab 1922 „Revue historique de droit français et étranger"), Paris
OIR	Orbis Ivris Romani. Journal of Ancient Law Studies, Brno-Bratislava (1995 – 1999); Brno-Trnava (2000 – 2004); Trnava (2005 –)
Olechowski/Gamauf: RRR	T. Olechowski/R. Gamauf (eds.): Rechtsgeschichte und Römisches Recht. Studienwörterbuch, Wien (2006), XXII+538 p.

p.	pagina, paginae
PWRE	Pauly-Wissowa Realenzykopädie der classischen Altertumswissenschaft, Stuttgart (1893 –)
reed.	reeditio
rec.	recensio
RIDA	Revue internationale des droits de l'antiquité, Bruxelles
RHDFE	Revue historique de droit français et étranger, Paris
s.a.	sine auctore/auctoribus
s.a.	sine anno
SDHI	Studia et documenta historiae et iuris, Roma
sim.	similiter
s.l.	sine loco
SOUDCE	Soudce. Profesní časopis soudců a soudů České republiky, Praha
s.p.	sine paginatione
St	Studi in onore di
Stolleis: Juristen	M. Stolleis (ed.): Juristen. Ein biographisches Lexikon. Von der Antike bis zum 20. Jahrhundert, München (2001), 719 p., reg.
t.g.	tabula geographica
TR	Tijdschrift voor Rechtgeschiedenis/Revue d'Histoires du Droit. The Legal History Review, Haarlem (1918 – 1949); Groningen-Bruxelles-La Haye (1950 –)
Tom.	Tomus, Tomi
transl.	translatio
ZSS	Zeitschrift der Savigny-Stiftung für Rechtsgeschichte, Romanistische Abteilung, Weimar (1880 – 1979), Wien (1980 –)
ZSS GA	Zeitschrift der Savigny-Stiftung für Rechtsgeschichte, Germanistische Abteilung, Weimar (1880 – 1979), Wien (1980 –)
[ ]	additamenta

I. Digestorum ortus, argumentum, propositum

1 – 85

1. Iustinianus

1. [ALCIATUS, A.:]
Pandectarum, seu Digestorum DN. Iustiniani imp. libri quinquaginta, non solum ad editionem G. Haloandri diligenter collati, sed et Andreae ALCIATI Iurecosultorum nostra aetate decoris, consilio iudicioque in quam plurimis locis feliciter recogniti, adiectis eiusdem beneficentia MODESTINI Responsis graecis, in titulo EXCUSATIONIBUS tutorum hactenus desideratis nec umquam antea editis I - II, Basileae (1541), 1511 p.
reed. Pandectarum seu Digestorum Iustiniani Libri quinquaginta ad Editionem G. Haloandri diligenter collati, sed et A. ALCIATI consilio iudicioque feliciter recogniti, Frankfurt a. M. (2011), 1511 p., 8°.

2. AMELOTTI, M.:
Giustiniano tra teologia e diritto,
[in:] Archi: L'imperatore,
Milano (1978), p. 133 - 160.

3. ARCHI, G. G.:
Giustiniano legislatore,
Labeo 12 (1966), p. 163 - 177.

4. ARCHI, G. G.:
Lo classicisme de Justinien,
RHDFE 46 (1968), p. 579 - 601.

5. ARCHI, G. G.:
Il classicismo di Giustiniano,
Labeo 15 (1969), p. 84 - 91.

6. ARCHI, G. G.:
Giustiniano legislatore,
Bologna (1970), 236 p.
rec. K.-H. SCHINDLER, ZSS 92 (1975), p. 386 - 398.

7. ARCHI, G. G.:
Giustiniano e l'insegnamento del diritto,
[in:] Archi: L'imperatore, Milano (1978), p. 97 – 131 (= G. G. Archi, Scritti di diritto romano, Tom. III, Milano (1981), p. 1916 –).

8. ARCHI, G. G.:
Il diritto nell'azione politica di Giustiniano,
SDHI 47 (1981), p. 31 – 46.

9. ARCHI, G. G.:
La legislazione giustinianea, opera di cultura o creazione giuridica?,
SDHI 51 (1985), p. 423 – 448.

10. BARKER, J. W.:
Justinian and the Later Roman Empire,
Madison, Wisconsin (1966), XVIII+318 p.

11. BIONDI, B.:
Giustiniano primo, principe e legislatore cattolico,
Milano (1936), VII+190 p.

12. BONINI, R.:
Studi sull'età giustinianea,
2. ed., Rimini (1922), (Università 13).

13. BROWNING, R.:
Justinian and Theodora,
London (1987),
R. B.: Justinian und Theodora. Herrscher in Byzanz, transl. D. Eibach,
Bergisch Gladbach (1992), 255 p., bibl., reg.

14. CAPIZZI, C.:
Giustiniano fu un romantico della politica?,
Rivista degli Studi bizantini e neoellenici N.S. 1 (1964), p. 143 – 172.

15. CAPIZZI, C.:
Giustiniano I tra politica e religione,
Messina (1964), 245 p.

16. CLAUSS, M. (ed.):
Die römischen Kaiser,
München (2001), p. 429 - 450.

17. COLLINET, P.:
La caractere oriental de l'oeuvre législative de Justinien,
Paris (1912), XXX+338 p.,
2. ed. Paris (1958).

18. Das Zeitalter Justinians und seiner Nachfolger,
[in:] Handbuch der klassischen Altertumswissenschaft in systematischer Darstellung 9.Bd., 1. Abt.: Geschichte der byzantinischen Literatur von Justinian bis zum Ende des Oströmischen Reiches,
München (1897), p. 928 - 946.

19. DIEHL, Ch.:
Justinien et la civilisation byzantine au VIe siècle, Tom. I - II,
Paris (1901).
reed. New York (1959; 1969).

20. DIESNER, H. - J.:
s.v. Justinian I.,
[in:] C. Andresen/H. Erbse/O. Gigon/K. Schefold/K. F. Stroheker/E. Zinn (eds.): Lexikon der Alten Welt, Tom. II,
Tübingen-Zürich (1995), col. 1452 - 1453.

21. ERMANN, H.:
Zu Justinian,
[in:] M. Kaser/H. Kreller/W. Kunkel (eds.): Fs P. Koschaker, Tom I,
Weimar (1939), p. 157 - 170

22. EVANS, J. A. S.:
The Age of Justinian: The Circumstances of Imperial Power,
London-New York (1990), X+345 p.

23. EVANS, J. A. S.:
The Emperor Justinian and the Byzantine Empire,
Westport, Connecticut (2005), 232 p.

24. EVANS, J. A. S.:
Iustinianus,
[in:] A. A. Barret (ed.): Lives of the Ceasars (2008), A. A. Barret (ed.): Životy císařů, transl. M. Bauerová/I. Prchlík, Praha (2012), p. 358 - 386.

25. GEROSTERGIOS, A.:
Justinian the Great. The Emperor and Saint,
Belmont, Massachusetts (1982), 312 p.

26. GRUPE, E.:
Kaiser Justinian, aus seinem Leben und seiner Zeit,
Lepzig (1923), 113 p.

27. GUARINO, A.:
Giustiniano in lingua viva,
SDHI 60 (1994), p. 541 - 548.

28. HOLWEG, A.:
Justinian,
[in:] V. K. Fassmann (ed.): Die Grossen der Weltgeschichte, Tom. II, Zürich (1972), p. 748 - 777.

29. HORAK, F.:
Giustiniano legislatore,
Index 2 (1971), p. 123 - 138.

30. HUNGER, H.:
Kaiser Justinian I. (527 - 565),
Anzeiger der Philos. - hist. Kl. der Österr. Akad. d. Wiss. 102 (1965), p. 339 - 356.

31. KUCHARSKÝ, P.:
s.v. Justinián I.,
[in:] s.a.: Slovník antické kultury, Praha (1974), p. 303.

32. LEPPIN, H.:
Justinian. Das christliche Experiment,
Stuttgart (2011), 448 p., bibl., reg.

33. LIPPOLD, A.:
s.v. Iustinianus I.,
[in:] Der Kleine Pauly, Tom. 3,
München (1979), col. 19 – 21.

34. MAAS, M. (ed.):
The Cambridge Companion to the Age of Justinian,
Cambridge (2005), 631 p.

35. MATTINGLY, H.:
s.v. Justinian,
[in:] M. Cary/J. D. Denniston/J. Wight Duff/A. D. Nock/W. D. Ross/H. H. Scullard (eds.): The Oxford Classical Dictionary,
Ofxord (1949), p. 473.

36. MAZAL, O.:
Justinian I. und seine Zeit. Geschichte und Kultur des Byzantinischen Reiches im 6. Jahrhundert,
Köln-Weimar-Wien (2001), 764 p., bibl., reg.
rec. G. THÜR, ZSS 121 (2004), p. 690 – 691

37. MAZZOTTI, M.:
Giustiniano nella leggenda, nella storia, nei monumenti ravennati,
[in:] Archi: L'imperatore,
Milano (1978), p. 307 – 313.

38. MEIER, M.:
Das andere Zeitalter Justinians,
Göttingen (2003), 739 p.

39. MEIER, M.:
Justinian. Herrschaft, Reich und Religion,
München (2004), 129 p.

40. MOORHEAD, J.:
Justinian,
London (1994), 192 p.

41. OLSTER, D. M.:
Justinian, Imperial Rhetoric and the Church,
Byzantinoslavica 50 (1989), p. 165 - 176.

42. PRINGSHEIM, F.:
Die archaistische Tendenz Justinians,
[in:] St P. Bonfante, Tom. I,
Milano (1930), p. 549 - 587.

43. PRINZING, G.:
Das Bild Justinians I. in der Überlieferung der Byzantiner vom 7. bis 13. Jahrhundert (Fontes minores),
Frankfurt a. M. (1986), p. 1 - 99.

44. RICCOBONO, S.:
La verità sulle tendenze arcaiche di Giustiniano,
Conferenze, Milano (1931), p. 235 - 284.

45. RUBIN, B.:
Das Zeitalter Justinians, Tom. I,
Berlin (1960), XIV+539 p., i., t.g.

46. s.a.:
s.v. Iustinianus I. Veliký,
[in:] L. Svoboda e.a.: Encyklopedie antiky,
Praha (1973), p. 273.

47. s.a.:
s.v. Justinian I. (Flavius Petrus Sabbatius Justinianus),
[in:] M. C. Howatson (ed.): Reclams Lexikon der Antike,
Stuttgart (1996), p. 320.

48. SCHEIBELREITER, P. (PS):
s.v. Justinian(us) I., oströmischer Kaiser (527 - 565),
[in:] Olechowski/Gamauf: RRR,
Wien (2006), p. 234.

49. SCHEIBELREITER, P. (PS):
s.v. Tribonian,
[in:] Olechowski/Gamauf: RRR,
Wien (2006), p. 474.

50. SCHINDLER, K.-H.:
Justinians Haltung zur Klassik. Versuch einer Darstellung an Hand seiner Kontroversen entscheidenden Konstitutionen, (Forschungen zum römischen Recht, H. 23),
Köln-Graz (1966), XII+363 p.
rec. Th. MAYER-MALY, ZSS 85 (1968), p. 556 – 561.

51. UDALCOVA, Z. V.:
Zakonodatel'nyje reformy Justiniana,
Vizantijskij vremenik, Moskva 27 (1967), 5 p.

52. VAN DER WAL, N.:
La codification de Justinien et la pratique contemporaine,
Labeo 10 (1964), p. 220 – 233.

53. VISKY, K.:
Justinian für die Rechtseinheit in den Provinzen,
RIDA 22 (1975), p. 355 – 373.

54. WIELING, H.:
Prokop und Justinian,
[in:] M. Armgardt/F. Klinck/I. Reichard (eds.): Liber amicorum Chr. Krampe (Freiburger Rechtsgesch. Abh., NF, Bd. 68),
Berlin (2013), p. 353 – 373.

2. Theodora

55. BECK, H. G.:
Kaiserin Theodora und Prokop. Der Historiker und sein Opfer,
München (1986), 166 p.

56. BRIDGE, A.:
Theodora: Portrait in a Byzantine Landscape,
London (1978), 214 p.

57. BRIDGE, A.:
Theodora. Aufstieg und Herrschaft einer byzantinischen Kaiserin,
München (1980), 236 p.
2. ed. München (1999), 233 p.

58. CAMERON, A.:
Procopius and the Sixth Century,
London (1985), 297 p.

59. DAUBE, D.:
The Marriage of Justinian and Theodora. Legal and Theological Reflections,
Catholic University Law Review 16 (1966 – 1967), p. 380 – 399.

60. DIEHL, Ch.:
Théodora, impératrice de Byzance,
Paris (1904), 214 p.

61. DIEHL, Ch.:
Figures Byzantines,
Paris (1906),
Ch. D.: Postavy z byzantských dejín, transl. Š. Janšák,
Bratislava (2009), p. 47 – 64.

62. EVANS, J. A. S.:
The Empress Theodora: Partner of Justinian,
Austin, Texas (2002), 172 p.

63. FÈVRE, F.:
Théodora, impératrice de Byzance,
Paris (1984).

64. FISHER, E. A.:
Theodora and Antonina in the Historia Arcana: History and / or Fiction,
Arethusa 11 (1978), p. 253 – 279.

65. FITTON, J.:
The Death of Theodora,
Byzantion 46 (1976), p. 119.

66. FOSS, C.:
The Empress Theodora,
Byzantion 72 (2002), p. 141 – 176.

67. GRIMBERT, E.:
Theodora. Die Tänzerin auf dem Kaiserthron,
München (1928), 224 p.

68. HOLMES, W. G.:
The Age of Justinian and Theodora. A History of the Sixth Century, Tom. I – II,
London (1907), 765 p.
2. ed., London (1912).

69. LEPPIN, H.:
Kaiserliche Kohabitation. Von der Normalität Theodoras,
[in:] C. Kunst/U. Riemer (eds.): Grenzen der Macht. Zur Rolle der römischen Kaiserfrauen,
Stuttgart (2000), p. 75 – 85.

70. LEPPIN, H.:
Theodora und Justinian,
[in:] H. Temporini (ed.): Die Kaiserrinen Roms. Von Livia bis Theodora,
München (2002), p. 437 – 481.

71. SCHUBART, W.:
Justinian und Theodora,
München (1943), 307 p.

72. SPRUIT, J. E.:
L'influence de Théodora sur la législation de Justinien,
RIDA 24 (1977), p. 389 – .

73. STADELMANN, H.:
Theodora von Byzanz, Tom. I – II,
Dresden (1927), 233+281 p.

3. Tribonianus

74. BERGER, A.:
s.v. TRIBONIANUS,
[in:] M. Cary/J. D. Denniston/J. Wight Duff/A. D. Nock/W. D. Ross/H. H. Sculard (eds.): The Oxford Classical Dictionary,
Oxford (1949), p. 923.

75. CENDERELLI, A.:
La compilazione del Digesto: una svista di Triboniano come prova dell'esistenza di un predigesto,
IVRA 55 (2004/2005), p. 61 – 91.

76. HONORÉ, T.:
Tribonian,
London (1978), XVII+314 p.
rec. W. WALDSTEIN, ZSS 97 (1980), p. 231 – 255.

77. HONORÉ, T.:
How Tribonian Organised the Compilation of Justinian's Digest,
ZSS 121 (2004), p. 1 – 43.

78. HOTOMANUS, F.:
Antitribonianus, sive dissertatio de studio legum,
(1603).

79. KUPISCH, B.:
s.v. Tribonian (-541/543),
[in:] Stolleis: Juristen, p. 633 – 634.

80. KÜBLER, B.:
s.v. Tribonianus, Nr. 1,
[in:] PWRE VI A, 2, col. 2419 – .

81. MEDICUS, D.:
s.v. Tribonianus,
[in:] K. Ziegler/W. Sontheimer/H. Gärtner (eds.): Der Kleine Pauly. Lexikon der Antike, Tom. 5,
München (1979), col. 945 – 946.

82. PUGSLEY, D.:
On Tribonian and his Latin Style,
[in:] R. Ruedin (ed.): Mélanges C. A. Cannata, Bâle-Genève-Munich (1999), p. 171 - 177.

83. SCHEIBELREITER, P. (PS):
s.v. Tribonian,
[in:] Olechowski/Gamauf: RRR,
Wien (2006), p. 474.

84. SOLIDORO, L.:
Triboniano e la legislazione Giustinianea,
Labeo 28 (1982), p. 74 - 81.

85. WALDSTEIN, W.:
Tribonianus,
ZSS 97 (1980), p. 232 - 255.

II. Codex Florentinus

86 – 182

86. ADAMS, H. H.:
Catalogue of Books printed on the Continent of Europe 1501 - 1600 in Cambridge Libraries, Tom. I,
Cambridge (1967), p. 600, n. 578 [Digestorum seu Pandectarum [...], Florentiae a. 1553].

87. AMELOTTI, M.:
Ritorno alla "Florentina" (A proposito della sua nuova riproduzione),
SDHI 60 (1989), p. 408 - 410.

88. APPLETON, Ch.:
La reproduction phototypique des Pandectes florentines,
NRH 32 (1908), p. 612 - 615.

89. APPLETON, Ch.:
Les négations intruses ou omises dans le manuscrit des Pandectes florentines (A propos d'un livre récent),
NRH 39 (1916), p. 1 - 61.

90. ASCHERI, M.:
Repubblica, Principato e crisi del diritto comune a Firenze: dalla motivazione della sentenza all'edizione delle Pandette,
Annali della Facoltà di lettere e filosofia. Università di Siena 6 (1985), p. 114 - 140.

91. BALDI, D.:
Il Codex Florentinus del Digesto e il 'Fondo Pandette' della Biblioteca Laurenziana (con un'appendice di documenti inediti),
Segno e testo 8, Cassino (2010), p. 99 - 186, i.

92. BELLONI, A.:
Un'ipotesi per le Pandette fiorentine,
[in:] V. Colli/E. Conte (eds.): Iuris historia. Liber amicorum G. Dolezalek, Berkeley (2008), p. 1–16.

93. BERGH, C. C. J. J. van den/STOLTE, B. H.:
The unfinished Digest edition of Henrik Brenkman. A Pilot-Survey and Edition of Digest 9.2 ad legem Aquiliam,
TR 45 (1977), p. 227 - 305.

94. BERTRAM, M./FRANSEN, G./GARCÍA y GARCÍA, A./MAFFEI, D./MAFFEI, P./MARQUÉS SALA, B./PÉREZ MARTÍN, A.:
Catálogo de los manuscritos jurídicos de la biblioteca capitular de la Seu d'Urgell. La Bisbat D'Urgell,
Seu d'Urgell (2009), CXLII, 638 p.
rec. W. KAISER, ZSS 113 (2010), p.604 - 607.

95. BREVEGLIERI, B.:
Verhältnis der Schrift der Pandekten zu derjenigen der juristischen Papyri,
[in:] Le Pandette Fiorentine e i Papiri Giuridici. Nota paleografica. Atti Acc. Sc. Ist. Bologna,
Rend. 69 (1980/1981), p. 181 - .

96. BUONAMICI, F.:
Sulla storia del manoscritto pisano-fiorentino delle Pandette. Alcune osservazioni,
AG 46 (1891), p. 60 - 79.

97. BUONAMICI, F.:
Della riproduzione mediante foto-incisione in rame del ms. fiorentino delle Pandette,
AG 50 (1893), p. 397 - .

98. BUONAMICI, F.:
Di una opinione del Professore Federigo Patetta intorno alla storia del ms. fiorentino delle Pandette,
AG 61 (1899), p. 333 - .

99. BUONAMICI, F.:
La riproduzione in fototipia del manoscritto fiorentino delle Pandette,
[in:] Atti del congresso internazionale di scienze storiche, Roma 1 - 9 aprile 1903 (Accademia dei Lincei),
Roma (1904), p. 179 - .

100. BURGMANN, L./FÖGEN, M. Th./SCHMINCK, A./SIMON, D.:
Repertorium der Handschriften des byzantinischen Rechts. Teil I: Die Handschriften des weltlichen Rechts (Nr. 1 - 327).

101. CAPRIOLI, S.:
Visite alle Pisana,
[in:] Le pandette, p. 37 - 98.

102. CAVALLO, G.:
Circolazione libraria nell'eta di Giustiniano,
Archi: L'imperatore, p. 201 - 236.

103. CONRAT (COHN), M.:
Das Florentiner Rechtsbuch. Ein System römischen Privatrechts aus der Glossatorenzeit. Aus einer Handschrift zum ersten Mal herausgegeben und eingeleitet,
Berlin (1882).
reed. Aalen (1969), 118 p.

104. CONRAT (COHN), M.:
Ueber die Epitome Codicis Florentina,
ZSS 4 (1883), p. 130 - 141.

105. CORBINO, A./SANTALUCIA, B.:
Iustiniani Augusti Pandectarum. Codex florentinus, Tom. I, curavervnt A. Corbino - B. Santalucia,
(Regione Calabria. Università degli studi di reggio Calabria. Facoltà di giurisprudenza, Catanzaro),
Firenze (1988), 450 p., [sim.].

106. CORBINO, A./SANTALUCIA, B.:
Iustiniani Augusti Pandectarum. Codex florentinus, Tom. II, curavervnt A. Corbino - B. Santalucia,
(Regione Calabria. Università degli studi di reggio Calabria. Facoltà di giurisprudenza, Catanzaro),
Firenze (1988), 475 p., [sim.].

107. DAL BORGO (BORGO).
Dissertazione sopra l'istoria de'codici pisani delle Pandette,
Lucca (1764).

108. DE CORAS (CORASIUS), J.:
In aliquot titulos et legum capita tomi primi Pandectarum iuris civilis (quod Digestum Vetus vocant),
(1562).

109. DOLEZALEK, G.:
Der Glossenapparat des Martinus Gosia zum Digestum Novum,
ZSS 84 (1967), p. 245 - 349.

110. DOLEZALEK, G./VAN DE WOUW, H.:
Verzeichnis der Handschriften zum römischen Recht, bis 1600, Tom. I - II - III - IV,
Frankfurt a. M. (1972).

111. EISSENHARDT:
Justinians Digesten nach Dreitteilen ...,
(1845).

112. FERRARY, J.-L. (ed.):
Correspondence de Lelio Torelli avec Antonio Agustín et Jean Matal (1542 - 1553),
Como (1992), 283 p.

113. FUHRMANN, H.:
Pulchra quasi stella. Zur Florentiner Digestenhandschrift,
[in:] Fs B. Bischoff,
Stuttgart (1971), p. 277 - 281.

114. GUALANDI, G.:
Per la storia della Editio princeps delle Pandette fiorentine di Lelio Torelli,
[in:] Le Pandette,
Firenze (1986), p. 143 - 198.

115. HOOGEWERFF, G. J.:
Laurentius Torrentinus (Laurens Leenaertsz van der Beke) boekdrukker en uitgever van den hertog van Toscane 1547 - 1563,
Het Boek (1926), p. 369 - 372.

116. HOOGEWERFF, G. J.:
L'editore del Vasari: Lorenzo Torrentino, Studi vasariani, Atti del Convegno internazionale per il IV centenario della prima edizione delle Vite del Vasari, Firenze 16 - 19 settembre 1950,
Firenze (1952), p. 93 - 104.

117. Iustiniani Augusti Digestorum seu Pandectarum Codex Florentinus olim pisanus phototypice expressus. A cura della Comm. Minister. per la riproduzione delle Pandette, Tom. I,
Roma (1902).

118. Iustiniani Augusti Digestorum seu Pandectarum Codex Florentinus olim pisanus phototypice expressus. A cura della Comm. Minister. per la riproduzione delle Pandette, Tom. II,
Roma (1905).

119. KAISER, W.:
Zum Aufbewahrungsort des Codex Florentinus in Süditalien,
[in:] F. Theisen/W. E. Voß (eds.): Summe - Glosse - Kommentar. Juristisches und Rhetorisches in Kanonistik und Legistik,
Osnabrück (2000), p. 95 - 124.

120. KAISER, W.:
Schreiber und Korrektoren des Codex Florentinus,
ZSS 119 (2001), p. 133 - 219.

121. KAISER, W.:
Zur Herkunft des Codex Florentinus. Zugleich zur Florentiner Digestenhandschrift als Erkenntnisquelle für die Redaktion der Digesten,
[in:] A. Schmidt-Recla/E. Schumann/F. Theisen (eds.): Sachsen im Spiegel des Rechts,
Köln-Weimar-Wien (2001), p. 37 - 55.

122. KAISER, W.:
Besserlesungen in den Vulgathandschriften gegenüber Codex Florentinus und Basiliken? Zur Genuinität der erneuten Inskription vor D. 3,5,30,3 (Pap. 2 resp.) in den Handschriften des Digestum vetus,
[in:] Römische Jurisprudenz. Dogmatik, Überlieferung, Rezeption. Fs D. Liebs (2011),
p. 293 - 319.

123. KANTOROWICZ, H. U.:
Über die Entstehung der Digestenvulgata. Ergänzungen zu Mommsen,
ZSS 30 (1909), p. 183 - 271.

124. KANTOROWICZ, H. U.:
Über die Entstehung der Digestenvulgata. Ergänzungen zu Mommsen,
ZSS 31 (1910), p. 14 - 88.

125. KANTOROWICZ, H. U.:
Über die Entstehung der Digestenvulgata. Ergänzungen zu Mommsen,
Weimar (1910), VIII+171 p.

126. KRETSCHMAR, P.:
Bedeutung und Geschichte der Einleitung der Digestenvulgata,
ZSS 48 (1928), p. 88 - 113.

127. KRETSCHMAR, P.:
Mittelalterliche Zahlensymbolik und die Einteilung der Digesten-vulgata,
Berlin-Leipzig (1930), V+33 p.

128. KRETSCHMAR, P.:
Noch einmal die Zahlensymbolik in der Mittelalterlichen Digesten-Einteilung,
Innsbruck (1932), 18 p.

129. KRETSCHMAR, P.:
Zur Zahlensymbolik in der mittelalterlichen Digesteneinteilung,
ZSS 55 (1935), p. 308 - 315.

130. KRETSCHMAR, P.:
Schreibscherz oder Zahlensymbolik,
ZSS 58 (1938), p. 202 - 237.

131. KRETSCHMAR, P.:
Zur Zahlensymbolik in der mittelalterlichen Digesten-Einteilung,
ZSS 62 (1942), p. 396.

132. KRÜGER, P.:
Über die jüngst erschienenen Lichtdrucke juristischer Handschriften,
ZSS 31 (1910), p. 1 – 7.

133. LECONTE, A.
Digestorum seu Pandectarum libri L, ex Florentinis hac manuali forma fidelissime representanti. Cum locorum aliquot in archetypo Pisano, mancorum et vacuorum repletione, multisque aliis ab ante in lucem editis, quae praefatione ad lectorem huic tomo praefixa enumerantur, ed. A. Leconte,
Lugduni, Apud Gulielmum Rouillium (1571).

134. LOWE, E. A.:
Greek Symptoms in a Sixth-Century Manuscript of St. Augustine and in a group of Latin Legal Manuscripts,
[in:] Didascaliae. Studies in honor of A. M. Albareda, New York (1961), p. 279 – 289
(=E. A. L.: Paleographical papers, 1907 – 1965, Tom. II, Oxford (1972), p. 466 – 474).

135. MARACCHI BIAGIARELLI, B.:
Il privilegio di stampatore ducale nella Firenze Medicea,
Archivio storico italiano, 123 (1965), p. 304 – 370.

136. MARACCHI BIAGIARELLI, B.:
C. DI FILIPPO BAREGGI, Giunta, Doni, Torrentino: tre tipografie fiorentine fra repubblica e principato,
Nuova Rivista storica, 58 (1974), p. 318 – 348.

137. MARRARA, D.:
Lettere di Giuseppe Averani relative alla polemica pandettaria tra il Grandi e il Tanucci,
Materiali per una storia della cultura giuridica, XI (1981).

138. MARRARA, D.:
Bernardo Tanucci scolaro e lettore nello Studio di Pisa (1712 – 1733),
Annali della Scuola Normale Superiore di Pisa, Pisa (1982).

139. MARTIN, R.:
La tradicion manuscrita del digesto en el occidente medieval, a traves del estudio de la varientes textuales,
AHDE 57 (1987), p. 5 – 206.

140. MIQUEL, J.:
Tre autografi di due amanuensi del Codex secundus,
[in:] Iuris vincula. St M. Talamanca, Tom. V,
Napoli (2001), p. 423 - 437.

141. MOR, C. G.:
Il Digesto nell'età preirneriana e la formazione della "Vulgata",
[in:] Per il XIV centenario delle Pandette e del Codice di Giustiniano. Studi di diritto pubblicati dalla Facoltà di Giurisprudenza della R. Università di Pavia,
Pavia (1934), p. 559 - 697 (= C. G. Mor, Scritti di storia giuridica altomedievale, Pisa (1977), p. 83 - 234).

142. [MORENI, D.]:
Annali della tipografia fiorentina di Lorenzo Torrentino impressore ducale,
2. ed., Firenze (1819).

143. NABER, J. C.:
Ad literam Pisanam,
[in:] St P. Bonfante, Tom. II, p. 289 - 300.

144. NÖRR, D.:
Zur neuen Faksimile-Ausgabe der littera Florentina,
IVRA 39 (1988), p. 121 - 136.

145. PERNICE, A.:
Die Herkunft der Florentina aus Amalfi,
ZSS 6 (1885), p. 300.

146. PEROSA, A. (ed.):
Mostra del Poliziano nella Biblioteca Medicea Laurenziana, Manoscritti, libri rari, autografi e documenti,
Firenze (1955).

147. PESCANI, P.:
s.v. Florentina (littera),
NDI 7 (1961), p. 409 - 412.

148. PESCANI, P.:
De Digestorum archetypo,
[in:] St E. Betti, Tom. III, Milano (1962), p. 588 - 628.

149. PESCANI, P.:
La litera Florentina e Bononiensis e la futura edizione del Digesto (Annali della Facoltà giuridica della Università di Camerino, 32),
Milano (1966), p. 299 - 336.

150. PESCANI, P.:
La posizione del "R" nella tradizione della "Litera Bononiensis",
[in:] La critica del testo. Atti del secondo congresso int. della società italiana di storia del diritto, Tom. II, Venezia 18 - 22 settembre 1967,
Firenze (1971), p. 671 - 690.

151. PESCANI, P.:
Ancora sui manoscritti del Digesto. La posizione del Vat. 1406 nei confronti del Par. 4450,
BIDR 82 (1979), p. 169 - 183.

152. PESCANI, P.:
Origine delle lezioni della Littera Bononiensis superiori a quelle della Littera Florentina,
BIDR 85 (1982), p. 205 - 282.

153. PESCANI, P.:
La scoperta del "Bononiensis". Sue forme,
BIDR 88 (1985), p. 383 - 396.

154. PETERS, H.:
Brenkmans Papiere zu Göttingen,
ZSS 32 (1911), p. 370 - 378.

155. RICART MARTI, E.:
La tradición manuscrita del digesto en el Occidente Medieval, a través del estudio de las variantes textuales,
AHDE 57 (1987), p. 5 - 206.
rec. F. BETANCOURT, La tradición manuscrita del Digesto, Cuadernos, Informativos de Derecho Histórico Público [...] 11 (1990), p. 2503 - 2509.

156. ROTONDI, G.:
L'indice Fiorentino delle Pandette e l'ipotesi del Bluhme,
[in:] St S. Perozzi, Palermo (1925), p. 89 - 128.
(= G. Rotondi, Scritti giuridici, Tom. I, Pavia (1922), p. 298 - 339).

157. RÖHLE, R.:
Neue Lesarten zum Text des Codex Florentinus,
ZSS 122 (2005), p. 62 - 90.

158. RUFFINO, O.:
s.v. Vulgata,
NDI 20, p. 1062 - .

159. SCIALOJA, V.:
La riproduzione delle pandette Fiorentine,
BIDR 3 (1890), 13 - 15.

160. SCIALOJA, V.:
Sul primo fascicolo della riproduzione fototipica delle Pandette fiorentine,
Rendiconti della R. Accad. dei Lincei, Roma (1904), 171 p.

161. SCIALOJA, V.:
Per la critica delle Pandette fiorentine. Per una raccòlta di formule relative al diritto romano,
[in:] Atti Congresso internazionale Scienze Storiche, Roma (1904).

162. SECKEL, E.:
Paläographie der juristischen Handschriften des 12. bis 15. und der juristischen Drucke des 15. und 16. Jahrhundert,
ZSS 45 (1925), p. 1 - 16.

163. SIGHINOLFI, L.:
Angelo Poliziano, Lodovico Bolognini e le pandette Fiorentine,
[in:] Studi e memorie per la storia dell'università di Bologna 6 (1921), p. 187 - 308.

164. SIRKS, A. J. B.:
Die Pommersfeldener Digestenfragmente und die Überlieferungsgeschichte der Digesten,
[in:] A. J. B. Sirks e.a. (eds.): Ein frühbyzantinisches Szenario (Münchener Beiträge zur Papyrusforschung, 86),
München (1996), p. 137 - 142.

165. [SPAGNESI, E. (ed.):]
Le Pandette di Giustiniano. Storia e fortuna della "littera florentina". Mostra di codici e documenti 24 giugno – 31 agosto 1983. Catalogo a cura di E. Spagnesi,
Firenze (1983), 105 p.
rec. H. E. TROJE, ZSS 103 (1986), p. 645 – 646.

166. SPAGNESI, E.:
La Littera Florentina: Miti e Documenti,
[in:] Le Pandette,
Firenze (1986), p. 99 – 130.

167. STOLTE, B. H.:
Henrik Brenkman (1681 – 1736). Jurist and Classicist. A Chapter from the History of Roman Law as Part of the Classical Tradition,
Groningen (1981), 141 p.

168. STOLTE, B. H.:
The Partes of the Digest in the Codex Florentinus,
Subseciva Groningana 1 (1984), p. 69 – 91.

169. STOLTE, B. H.:
Henrik Brenkman (1681 – 1736). Historia Pandectarum, Utrecht (1722). Einführung/Preface,
[in:] Historia Pandectarum von H. Brenkman und Narratio de Henrico Brenkmano von G. Chr. Gebauer,
reed. Frankfurt a. M. (2004), p. I – XIX.

170. [TAURELLIUS, L./TAURELLIUS, F.:]
Digestorum seu Pandectarum libri quinquaginta ex Florentinis Pandectis re, Tomus I, Liber I – XXVII,
Florentiae (1553), 691 p.
reed. Editio Taurelliana Digestorum (Littera Florentina), ed. von L. et F. Taurellius mit einer Einleitung von H. E. TROJE: Zur Bedeutung der Florentiner Digestenedition von 1553 /On the Importance of the Florentine Digest Edition of 1553, p. V – XXXVI,
reed. Frankfurt a. M. (2004), 691 p., 8°.

171. [TAURELLIUS, L./TAURELLIUS, F.:]
Digestorum seu Pandectarum libri quinquaginta ex Florentinis Pandectis re, Tomus II, Liber XXVIII - L,
Florentiae (1553), p. 693 - 1666,
reed. Editio Taurelliana Digestorum (Littera Florentina), ed. von L. et F. Taurellius,
reed. Frankfurt a. M. (2004), p. 693 - 1666, 8°.

172. TROJE, H. E.:
Ubi in libro Florentino duae lectiones iuveniuntur ... Zur Geschichte der Digesteneditionen (16.–19. Jhdt.),
TR 72 (2004), p. 61 - 80.

173. TROJE, H. E.:
Zur Bedeutung der Florentiner Digestenedition von 1553/On the importance of the Florentine Digest Edition of 1553,
[in:] Editio Taurelliana Digestorum (Littera Florentina) ediert von L. et F. Taurellius
gedr. von L. Torrentini, Florenz (1553),
reed. Frankfurt a. M. (2004), p. V - XIX.

174. TROJE, H. E.:
Zur Historia pandectarum: Vorläufer der Editio Taurelliana,
[in:] H. Altmeppen e.a. (eds.): Fs R. Knütel, Heidelberg (2009), p. 1301 - 1324.

175. VA[CCARI], P.:
s.v. Torelli, Lelio,
[in:] Enciclopedia Italiana (Istituto della Enciclopedia Italiana), 31,
Roma (1937), p. 24.

176. VICARIO, M. C.:
Il Manoscritto Laurenziano delle pandette. Appunti per una ricognizione codicologica,
[in:] A. Corbino/B. Santalucia (eds.): Justiniani Augusti pandectarum codex Florentinus, Tom. I, Firenze (1988), p. 11 - 21.

177. VIVIANI DELLA ROBBIA, E.:
Bernardo Tanucci ed il suo più importante carteggio, Tom. I,
Firenze (1942).

178. WALLINGA, T.:
The Continuing Story of the Date and Origin of the Codex Florentinus,
Subseciva Groningana 5 (1992), p. 7 – 19.

179. WIEACKER, F.:
Mommsens Digestorum Editio maior: Aspekte und Aporien,
[in:] Le Pandette,
Firenze (1986), p. 199 – 214.

180. WILSON, N. G.:
A Greek Palaeographer looks at the Florentine Pandects,
Subseciva Groningana 5 (1992), p. 1 – 6.

181. ZDEKAUER, L.:
Su l'origine del manoscritto Pisano delle Pandette giustinianee e la sua fortuna nel medio evo,
Siena (1890), 38 p.
rec. P. ROSSI, BIDR 3 (1890), p. 149 – 155.
L. CHIAPELLI, AG 44 (1890).

182. ZDEKAUER, L.:
Nota sulle due sottoscrizioni nel manoscritto Pisano delle Pandette Giustinianee,
BIDR 3 (1890), p. 267 – 272.

III. Editiones Digestorum et Basilicorum

183 – 227

1. Digesta

183. AMBROSINO, R.:
Vocabularium Institutionum Iustiniani Augusti,
Milano (1942), 312 p.

184. [BECK, J. L. W.]
Corpus Iuris Civilis, editio stereotypa, ex officina Caroli Tauchnitii cura D. Ion. Lud. Guil. Beck, apud Carolum Cnobloch,
Lipsiae (1829).

185. [BONFANTE, P./FADDA, C./FERRINI, C./RICCOBONO, S./ SCIALOJA, V.:]
Digesta Iustiniani Augusti, recognoverunt et edidit P. Bonfante/ C. Fadda/C. Ferrini/S. Riccobono/V. Scialoja iuris antecessores, Tom. I (libri I - XXVIII),
Mediolani (1908), IX+1 - 696 p.
rec. M. BOHÁČEK, Italské vydání Justinianových Digest, BRATISLAVA. Časopis Učené Společnosti Šafáříkovy, Bratislava 6 (1932), 1, p. 145 - 149.

186. [BONFANTE, P./SCIALOJA, V.:]
Digesta Iustininani Augusti, recognoverunt et edidit P. Bonfante /V. Scialoja iuris antecessores, Tom. II (libri XXIX - L),
Mediolani (1931), p. 697 - 1594.
rec. M. BOHÁČEK, Italské vydání Justinianových Digest, BRATISLAVA. Časopis Učené Společnosti Šafáříkovy, Bratislava 6 (1932), 1, p. 145 - 149.

187. [BONFANTE, P./FADDA, C./FERRINI, C./RICCOBONO, S. /SCIALOJA, V.:]
Digesta Iustininani Augusti, recognoverunt et edidit P. Bonfante/C. Fadda/C. Ferrini/S. Riccobono/V. Scialoja iuris antecessores,
2. ed., Milano (1960), 1596 p.

188. BRANDSMA, F.:
Dorotheus and his Digest Translation,
Groningen (1996), XII+336 p.
rec. L. BURGMANN, ZSS 115 (1998), p. 628 - 631.

189. DIGESTUM VETUS - Blaublommius
Digestorum seu Pandectarum Imperatoris Justiniani Prima pars / quam Digestum Vetus appellant: ad vetustorum exemplarium / cum impressorum / tum scriptorum fidem: probatissimorum authorum virorum adnotationes maxima diligentia castigata,
Paris (1523).
reed. Frankfurt a. M. (2008) mit einer neuen Einleitung von H. E. TROJE.

190. FEHI, I.:
Corpus iuris civilis Iustinianei, studio et opera Ioannis Fehi, Tom. I - II - III - IV - V - VI,
Lyon (1627).
reed. Osnabrück (1966).

191. [GEBAUER, G. Ch./SPANGENBERG, G. A.:]
Corpus Iuris civilis codicibus veteribus manuscriptis et optimis quibusque editionibus collatis recensuit G. Ch. Gebauer IC dum in vivis fuit potentissimo magnae Britanniae regi ab intimis iustitiae consiliis et in academia Georgia Augusta antecessor iuris primarius et post eius obitum editionem curavit G. A. Spangenberg iur. in alma Georgia Augusta p. p. e.,
D. Iustiniani sacratissimi principis Digestorum seu Pandectarum [...],
Gottingae (1776), 1144 p.
reed. Corpus Iuris Civilis. Institutiones et Digesta, herausgegeben von G. Ch. Gebauer und G. A. Spangenberg mit einer Einleitung von B. H. STOLTE: Einführung/Introduction, p. V - XVII,
Frankfurt a. M. (2005), 1144 p. 8°.

192. [HALOANDER, G.:]
Digestorum seu Pandectarum libri quinquaginta, editi Norembergae per G. Haloandrum, munificentia ac liberalitate amplifs. ordinis ibidem,
Norembergae (1529),
reed. Digestorum seu Pandectarum libri quinquaginta (Littera Norica) ediert von G. HALOANDER mit einer Einleitung von H. E. TROJE: Zur Bedeutung von

Haloanders Digestenedition von 1529/On the significance of Haloander's Digest Edition of 1529, p. 5 - 17,
Tomus I, Liber I - XIX, 720 p.
Tomus II, Liber XX - XXXVI, p. 721 - 1497,
Tomus III, Liber XXXVII - L, p. 1499 - 2401,
Frankurt a. M. (2005), 8°.

193. HILLNER, G.:
Theodor Mommsens Praefatio zum Editio maior von 1870. Übersetzt von G. Hillner,
ZSS 121 (2004), p. 396 - 500.

194. HILLNER, G.:
Theodor Mommsen, Digesta Iustiniani Augusti, Editio maior (1870) - Anhang I und II. Übersetzt von Gisela Hillner,
ZSS 125 (2008), p. 696 - 704.

195. [MOMMSEN, Th./KRUEGER, P.:]
CORPUS IURIS CIVILIS, Volumen primum: INSTITUTIONES, recognovit P. Krueger, DIGESTA, recognovit Th. Mommsen, ed. stereotypa,
Berolini (1872), XXXII+873 p.

196. [MOMMSEN, Th./KRUEGER, P.:]
CORPUS IURIS CIVILIS, Volumen primum: INSTITUTIONES, recognovit P. Krueger, DIGESTA, recognovit Th. Mommsen, ed. stereotypa altera,
Berolini (1877), XXXII+882 p.

197. [MOMMSEN, Th./KRUEGER, P.:]
CORPUS IURIS CIVILIS, Volumen primum: INSTITUTIONES, recognovit P. Krueger, DIGESTA, recognovit Th. Mommsen, ed. stereotypa tertia,
Berolini (1882), 882 p.

198. [MOMMSEN, Th./KRUEGER, P.:]
CORPUS IURIS CIVILIS, Volumen primum: INSTITUTIONES, recognovit P. Krueger, DIGESTA, recognovit Th. Mommsen, ed. stereotypa quarta,
Berolini (1886), XXXII+882 p.

199. [MOMMSEN, Th./KRUEGER, P.:]
CORPUS IURIS CIVILIS, Volumen primum: INSTITUTIONES, recognovit P. Krueger, DIGESTA, recognovit Th. Mommsen, ed. stereotypa quinta,
Berolini (1889), XXXII+882 p.

200. [MOMMSEN, Th./KRUEGER, P.:]
CORPUS IURIS CIVILIS, Volumen primum: INSTITUTIONES, recognovit P. Krueger, DIGESTA, recognovit Th. Mommsen, ed. stereotypa sexta,
Berolini (1893), XXXII+882 p.

201. [MOMMSEN, Th./KRUEGER, P.:]
CORPUS IURIS CIVILIS, Volumen primum: INSTITUTIONES, recognovit P. Krueger, DIGESTA, recognovit Th. Mommsen, ed. stereotypa septima,
Berolini (1895), XXXII+882 p.

202. [MOMMSEN, Th./KRUEGER, P.:]
CORPUS IURIS CIVILIS, Volumen primum: INSTITUTIONES, recognovit P. Krueger, DIGESTA, recognovit Th. Mommsen, ed. stereotypa octava,
Berolini (1899), XXXII+882 p.

203. [MOMMSEN, Th./KRUEGER, P.:]
CORPUS IURIS CIVILIS, Volumen primum: INSTITUTIONES, recognovit P. Krueger, DIGESTA, recognovit Th. Mommsen, ed. stereotypa nona,
Berolini (1902), XXXII+882 p.

204. [MOMMSEN, Th./KRUEGER, P.:]
CORPUS IURIS CIVILIS, Volumen primum: INSTITUTIONES, recognovit P. Krueger, DIGESTA, recognovit Th. Mommsen, ed. stereotypa decima,
Berolini (1905), XXXII+904 p.

205. [MOMMSEN, Th./KRUEGER, P.:]
CORPUS IURIS CIVILIS, Volumen primum: INSTITUTIONES, recognovit P. Krueger, DIGESTA, recognovit Th. Mommsen, retractavit P. Krueger, ed. stereotypa undecima,
Berolini (1908), [IV]+959 p.

206. [MOMMSEN, Th./KRUEGER, P.:]
CORPUS IURIS CIVILIS, Volumen primum: INSTITUTIONES, recognovit P. Krueger, DIGESTA, recognovit Th. Mommsen, retractavit P. Krueger, ed. stereotypa duodecima,
Berolini (1911), [IV]+957 p.

207. [MOMMSEN, Th./KRUEGER, P.:]
CORPUS IURIS CIVILIS, Volumen primum: INSTITUTIONES, recognovit P. Krueger, DIGESTA, recognovit Th. Mommsen, retractavit P. Krueger, ed. stereotypa tertia decima,
Berolini (1920), [IV]+986 p.

208. [MOMMSEN, Th./KRUEGER, P.:]
CORPUS IURIS CIVILIS, Volumen primum: INSTITUTIONES, recognovit P. Krueger, DIGESTA, recognovit Th. Mommsen, retractavit P. Krueger, ed. stereotypa quarta decima,
Berolini (1922), [IV]+994 p.

209. [MOMMSEN, Th./KRUEGER, P.:]
CORPUS IURIS CIVILIS, Volumen primum: INSTITUTIONES, recognovit P. Krueger, DIGESTA, recognovit Th. Mommsen, retractavit P. Krueger, ed. stereotypa quinta decima,
Berolini (1928), [IV]+994 p.

210. [MOMMSEN, Th./KRUEGER, P.:]
CORPUS IURIS CIVILIS, Volumen primum: INSTITUTIONES, recognovit P. Krueger, DIGESTA, recognovit Th. Mommsen, retractavit P. Krueger, ed. sexta decima lucis ope expressa,
Berolini (1954), [IV]+957 p.

211. [MOMMSEN, Th./KRUEGER, P.:]
CORPUS IURIS CIVILIS, Volumen primum: INSTITUTIONES, recognovit P. Krueger, DIGESTA, recognovit Th. Mommsen, retractavit P. Krueger, ed. decima septima lucis ope expressa,
Berolini (1963), [IV]+957 p.

212. [MOMMSEN, Th./KRUEGER, P.:]
CORPUS IURIS CIVILIS, Volumen primum: INSTITUTIONES, recognovit P. Krueger, DIGESTA, recognovit Th. Mommsen, retractavit P. Krueger, ed. decima octava lucis ope expressa,
Berolini (1965), [IV]+957 p.

213. [MOMMSEN, Th./KRUEGER, P.:]
CORPUS IURIS CIVILIS, Volumen primum: INSTITUTIONES, recognovit P. Krueger, DIGESTA, recognovit Th. Mommsen, retractavit P. Krueger, ed. undevicesima lucis ope expressa,
Berolini (1966), [IV]+957 p.

214. [MOMMSEN, Th./KRUEGER, P.:]
CORPUS IURIS CIVILIS, Volumen primum: INSTITUTIONES, recognovit P. Krueger, DIGESTA, recognovit Th. Mommsen, retractavit P. Krueger, ed. vicesima lucis ope expressa,
Dublin-Zürich (1968), [IV]+957 p.

215. [MOMMSEN, Th./KRUEGER, P.:]
CORPUS IURIS CIVILIS, Volumen primum: INSTITUTIONES, recognovit P. Krueger, DIGESTA, recognovit Th. Mommsen, retractavit P. Krueger, ed. vicesimus alter,
Zürich (1973).

216. [MOMMSEN, Th.:]
DIGESTA IUSTINIANI AUGUSTI, [EDITIO MAIOR], Tom. I, recognovit Th. Mommsen,
Berolini (1866), LVI+906 p. [lib. I - XXIX].
reed. Berolini (1962).

217. [MOMMSEN, Th./KRUEGER, P.:]
DIGESTA IUSTINIANI AUGUSTI, [EDITIO MAIOR], Tom. II, recognovit Th. Mommsen adsumpto in operis societatem Paulo Kruegero,
Berolini (1870), 969 p. [lib. XXX - L].
reed. Berolini (1963).

218. [MOMMSEN, Th.:]
DIGESTA IUSTINIANI AUGUSTI, [EDITIO MAIOR], von Th. Mommsen (1817 - 1903) mit den Übersetzungen der praefationes Theodori Mommseni von 1866, 1868, 1870 und des Anhangs IIII (versio vulgata Modestinianorum) von G. HILLNER, Tom. II,
reed. Frankfurt a. M. (2008), 969 p.[lib. XXX - L].

219. [MOMMSEN, Th.:]
DIGESTA IUSTINIANI AUGUSTI, [EDITIO MAIOR], von Th. Mommsen

(1817 - 1903) mit den Übersetzungen der praefationes Theodori Mommseni von 1866, 1868, 1870 und des Anhangs IIII (versio vulgata Modestinianorum) von G. HILLNER, Tom. I,
reed. Frankfurt a. M. (2009), LVI + 906 p. [lib. I - XXIX].

2. Basilica

220. FERRINI, C./MERCATI, G.:
Editionis Basilicorum Heimbachianae supplementum alterum. Reliquias librorum ineditorum ex libro rescripto Ambrosiano,
Milano (1897).

221. HEIMBACH, G. E.:
Basilicorum libri LX, Tom. I, Lib. I - XII, transl. latina,
Lipsiae (1833), XX+822 p. [gr./lat.].

222. HEIMBACH, G. E.:
Basilicorum libri LX, Tom. II, Lib. XIII - XXIII, transl. latina,
Lipsiae (1840), XVII+781 p. [gr./lat.].

223. HEIMBACH, G. E.:
Basilicorum libri LX, Tom. III, Lib. XXIV - XXXVIII, transl. latina,
Lipsiae (1843), VIII+786 p. [gr./lat.].

224. HEIMBACH, G. E.:
Basilicorum libri LX, Tom. IV, Lib. XXXIX - XLVIII, transl. latina,
Lipsiae (1846), VIII+791 p. [gr./lat.].

225. HEIMBACH, G. E.:
Basilicorum libri LX, Tom. V, Lib. XLIX - LX, transl. latina,
Lipsiae (1850), XVI+910 p. [gr./lat.].

226. [SCHELTEMA, H. J./VAN DER WAL, N./HOLWERDA, D.:]
BASILICORUM Libri LX, Series A (Textus) I - II - III - IV - V - VI - VII - VIII, H. J. Scheltema/N. van der Wal/D. Holwerda (eds.),
Groningen (1955, 1956, 1960, 1962, 1967, 1974, 1974, 1988).
rec. P. E. PIELER, ZSS 106 (1989), p. 672 - 678.

227. [SCHELTEMA, H. J./VAN DER WAL, N./HOLWERDA, D.:]
BASILICORUM libri LX, Series B (Scholia) I - II - III - IV - V - VI - VII - VIII - IX - X - XI - XII - XIII, H. J. Scheltema/N. van der Wal/ D. Holwerda (eds.),
Groningen (1953, 1954, 1957, 1959, 1961, 1964, 1965, 1983, 1985).
rec. P. E. PIELER, ZSS 106 (1989), p. 672 - 678.

IV. Translationes Digestorum

228 – 359

228. [BEHRENDS, O./KNÜTEL, R./KUPISCH, B./SEILER, H. H.:]
Corpus Iuris Civilis. Text und Übersetzung, Tom. II. Digesten 1 - 10.
Gemeinschaftlich übersetzt und herausgegeben von
O. Behrends/R. Knütel/B. Kupisch/H. H. Seiler,
Heidelberg (1995), XXVII+862 p.
rec. Th. MAYER-MALY, ZSS 113 (1996), p. 451 - 454.

229. [BEHRENDS, O./KNÜTEL, R./KUPISCH, B./SEILER, H. H.:]
Corpus Iuris Civilis. Text und Übersetzung, Tom. III. Digesten 11 - 20.
Gemeinschaftlich übersetzt und herausgegeben von
O. Behrends/R. Knütel/B. Kupisch/H. H. Seiler,
Heidelberg (1999), XVIII+661 p.
rec. Th. MAYER-MALY, ZSS 119 (2002), p. 441 - 444.

230. [BEHRENDS, O./KNÜTEL, R./KUPISCH, B./SEILER, H. H.:]
Corpus Iuris Civilis. Text und Übersetzung, Tom. IV. Digesten 21 - 27.
Gemeinschaftlich übersetzt und herausgegeben von
O. Behrends/R. Knütel/B. Kupisch/H. H. Seiler,
Heidelberg (2005), XVII+531 p.
rec. D. LIEBS, ZSS 125 (2008), p. 714 - 721.

231. BLAHO, P./VAŇKOVÁ, J.:
Digesta. Constitutio Tanta,
JR 57 (2005), p. 288 - 306.

232. BLAHO, P./VAŇKOVÁ, J.:
Digesta. Liber 1, Titulus 1: De iustitia et iure. Titulus 3: De legibus,
senatusque consultis et longa consuetudine,
JR 57 (2005), p. 445 - 456.

233. BLAHO, P./VAŇKOVÁ, J.:
Digesta. Liber 1, Titulus 5: De statu hominum. Titulus 7: De adoptionibus
et emancipationibus et aliis modis quibus potestas solvitur.
Titulus 8: De divisione rerum et qualitate,
JR 57 (2005), p. 584 - 594.

234. BLAHO, P./VAŇKOVÁ, J.:
Digesta. Liber 2, Titulus 4: De in ius vocando. Titulus 14: De pactis,
JR 57 (2005), p. 744 - 758.

235. BLAHO, P./VAŇKOVÁ, J.:
Digesta. Liber 2, Titulus 14: De pactis (altera pars),
JR 57 (2005), p. 944 - 960.

236. BLAHO, P./VAŇKOVÁ, J.:
Digesta. Liber 4, Titulus 1: De in integrum restitutionibus, Titulus 9: Nautae caupones stabularii recepta restituant, Liber 6, Titulus 1: De rei vindicatione (pars prima),
JR 57 (2005), p. 1153 - 1167.

237. BLAHO, P./VAŇKOVÁ, J.:
Digesta. Liber 6, Titulus 1: De rei vindicatione (altera pars),
JR 57 (2005), p. 1327 - 1338.

238. BLAHO, P./VAŇKOVÁ, J.:
Digesta. Liber 6, Titulus 1: De rei vindicatione (reliqua pars),
JR 57 (2005), p. 1506 - 1516.

239. BLAHO, P./VAŇKOVÁ, J.:
Digesta. Liber 6, Titulus 2: De Publiciana in rem actione,
JR 57 (2005), p. 1645 - 1653.

240. BLAHO, P./VAŇKOVÁ, J.:
Digesta. Liber 9, Titulus 2: Ad legem Aquiliam (prima pars),
JR 58 (2006), p. 172 - 191.

241. BLAHO, P./VAŇKOVÁ, J.:
Digesta. Liber 9, Titulus 2: Ad legem Aquiliam (altera pars),
JR 58 (2006), p. 387 - 404.

242. BLAHO, P./VAŇKOVÁ, J.:
Digesta. Liber 10, Titulus 1: Finium regundorum. Liber 12, Titulus 4: De condictione causa data causa non secuta,
JR 58 (2006), p. 577 - 591.

243. BLAHO, P./VAŇKOVÁ, J.:
Digesta. Liber 12, Titulus 5: De condictione ob turpem vel iniustam causam. Liber 12, Titulus 7: De condictione sine causa, Liber 13, Titulus 1: De condictione furtiva,
JR 58 (2006), p. 746 - 757.

244. BLAHO, P./VAŇKOVÁ, J.:
Digesta. Liber 13, Titulus 6: Commodato vel contra,
JR 58 (2006), p. 884 - 897.

245. BLAHO, P./VAŇKOVÁ, J.:
Digesta. Liber 13, Titulus 7: De pigneraticia actione vel contra,
JR 58 (2006), p. 1091 - 1109.

246. BLAHO, P./VAŇKOVÁ, J.:
Digesta. Liber 17, Titulus 1: Mandati vel contra (prima pars),
JR 58 (2006), p. 1342 - 1359.

247. BLAHO, P./VAŇKOVÁ, J.:
Digesta. Liber 17, Titulus 1: Mandati vel contra (altera pars),
JR 58 (2006), p. 1574 - 1591.

248. BLAHO, P./VAŇKOVÁ, J.:
Digesta. Liber 17, Titulus 1: Mandati vel contra (reliqua pars), Liber 17, Titulus 2: Pro socio (prima pars),
JR 58 (2006), p. 1789 - 1808.

249. BLAHO, P./VAŇKOVÁ, J.:
Digesta. Liber 17, Titulus 2: Pro socio (altera pars),
JR 59 (2007), p. 270 - 293.

250. BLAHO, P./VAŇKOVÁ, J.:
Digesta. Liber 19, Titulus 1: De actionibus empti venditi (prima pars),
JR 59 (2007), p. 746 - 756.

251. BLAHO, P./VAŇKOVÁ, J.:
Digesta. Liber 19, Titulus 1: De actionibus empti venditi (altera pars),
JR 59 (2007), p. 967 - 980.

252. BLAHO, P./VAŇKOVÁ, J.:
Digesta. Liber 19, Titulus 1: De actionibus empti venditi (reliqua pars),
JR 59 (2007), p. 1179 - 1193.

253. BLAHO, P./VAŇKOVÁ, J.:
Digesta. Liber 20, Titulus 1: De pignoribus et hypothecis et qualiter ea contrahuntur et de pactis eorum,
JR 59 (2007), p. 1348 - 1364.

254. BLAHO, P./VAŇKOVÁ, J.:
Digesta. Liber 20, Titulus 2: In quibus causis pignus vel hypotheca tacite contrahitur, Titulus 3: Quae res pignori vel hypothecae datae obligari non possunt, Titulus 4: Qui potiores in pignore vel hypotheca habeantur et de his in priorum creditorum locum succedunt,
JR 59 (2007), p. 1529 – 1544.

255. BLAHO, P./VAŇKOVÁ, J.:
Digesta. Liber 20, Titulus 5: De distractione pignorum et hypothecarum, Titulus 6: Quibus modis pignus vel hypotheca solvitur,
JR 59 (2007), p. 1702 – 1717.

256. BLAHO, P./VAŇKOVÁ, J.:
Digesta. Supplementum. 1. Constitutio Omnem. 2. Constitutio Tanta (altera pars),
JR 60 (2008), p. 150 – 164.

257. BLAHO, P./VAŇKOVÁ, J.:
Digesta. Supplementum. Liber 1, Titulus 2: De origine iuris et omnium magistratuum et successione prudentium,
JR 60 (2008), p. 327 – 341.

258. BLAHO, P./VAŇKOVÁ, J.:
Digesta. Liber 21, Titulus 3: De exceptione rei venditae et traditae, Liber 22, Titulus 2: De nautico faenore, Titulus 3: De probationibus et praesumptionibus,
JR 60 (2008), p. 512 – 527.

259. BLAHO, P./VAŇKOVÁ, J.:
Digesta, Liber 22, Titulus 4: De fide instrumentorum et amissione eorum, Titulus 5: De testibus, Titulus 6: De iuris et facti ignorantia,
JR 60 (2008), p. 697 – 710.

260. BLAHO, P./VAŇKOVÁ, J.:
Digesta. Liber 23, Titulus 1: De sponsalibus, Titulus 2: De ritu nuptiarum (pars prima),
JR 60 (2008), p. 877 – 890.

261. BLAHO, P./VAŇKOVÁ, J.:
Digesta. Liber 23, Titulus 2: De ritu nuptiarum (altera pars),
JR 60 (2008), p. 1069 – 1082.

262. BLAHO, P./VAŇKOVÁ, J.:
Corpus iuris civilis. Digesta, Tomus I (Scripta Iuridica Quae Manserunt, Tom. I), z lat. orig. prel. P. Blaho/J. Vaňková,
Bratislava (2008), 525 p.

263. BLAHO, P./VAŇKOVÁ, J.:
Digesta. Liber 23, Titulus 3: De iure dotium (prima pars),
JR 60 (2008), p. 1292 – 1306.

264. BLAHO, P./VAŇKOVÁ, J.:
Digesta. Liber 23, Titulus 3: De iure dotium (altera pars),
JR 60 (2008), p. 1791 – 1803.

265. BLAHO, P./VAŇKOVÁ, J.:
Digesta. Liber 23, Titulus 3: De iure dotium (reliqua pars),
JR 61 (2009), p. 157 – 168.

266. BLAHO, P./VAŇKOVÁ, J.:
Digesta. Liber 23, Titulus 4: De pactis dotalibus (pars prima),
JR 61 (2009), p. 316 – 325.

267. BLAHO, P./VAŇKOVÁ, J.:
Digesta. Liber 23, Titulus 4: De pactis dotalibus (altera pars), Liber 23, Titulus 5: De fundo dotali,
JR 61 (2009), p. 460 – 470.

268. BLAHO, P./VAŇKOVÁ, J.:
Digesta. Liber 24, Titulus 1: De donationibus inter virum et uxorem (pars prima),
JR 61 (2009), p. 593 – 601.

269. BLAHO, P./VAŇKOVÁ, J.:
Digesta. Liber 24, Titulus 1: De donationibus inter virum et uxorem (altera pars),
JR 61 (2009), p. 919 – 928.

270. BLAHO, P./VAŇKOVÁ, J.:
Digesta. Liber 24, Titulus 1: De donationibus inter virum et uxorem (tertia pars),
JR 61 (2009), p. 1116 – 1128.

271. BLAHO, P./VAŇKOVÁ, J.:
Digesta. Liber 24, Titulus 1: De donationibus inter virum et uxorem (reliqua pars),
JR 61 (2009), p. 1301 – 1312.

272. BLAHO, P./VAŇKOVÁ, J.:
Digesta. Liber 24, Titulus 2: De divortiis et repudiis, Titulus 3: Soluto matrimonio dos quemadmodum petatur (prima pars),
JR 61 (2009), p. 1293 – 1303.

273. BLAHO, P./VAŇKOVÁ, J.:
Digesta. Liber 24, Titulus 3: Soluto matrimonio dos quemadmodum petatur (altera pars),
JR 61 (2009), p. 1427 – 1436.

274. BLAHO, P./VAŇKOVÁ, J.:
Digesta. Liber 24, Titulus 3: Soluto matrimonio dos quemadmodum petatur (tertia pars),
JR 62 (2010), p. 290 – 300.

275. BLAHO, P./SIPEKIOVÁ, N.:
Digesta. Liber 24, Titulus 3: Soluto matrimonio dos quemadmodum petatur (reliqua pars),
JR 64 (2012), p. 1253 – 1259.

276. BLAHO, P./SIPEKIOVÁ, N.:
Digesta. Liber 41, Titulus 1: De adquirendo rerum dominio (pars prima),
JR 64 (2012), p. 1505 – 1518.

277. BLAHO, P./SIPEKIOVÁ, N.:
Digesta. Liber 41, Titulus 1: De adquirendo rerum dominio (pars secunda),
JR 65 (2013), p. 289 – 298.

278. BLAHO, P./SIPEKIOVÁ, N.:
Digesta. Liber 41, Titulus 1: De adquirendo rerum dominio (pars reliqua),
JR 65 (2013), p. 599 – 610.

279. BLAHO, P./SIPEKIOVÁ, N.:
Digesta. Liber 41, Titulus 2: De adquirenda vel amittenda possessione (pars prima),
JR 65 (2013), p. 1022 – 1036.

280. BLAHO, P./SIPEKIOVÁ, N.:
Digesta. Liber 41, Titulus 2: De adquirenda vel amittenda possessione (pars reliqua),
JR 65 (2013), p. 1200 – 1213.

281. BLAHO, P./SIPEKIOVÁ, N.:
Digesta. Liber 41, Titulus 3: De usurpationibus et usucapionibus (pars prima),
JR 65 (2013), p. 1676 – 1687.

282. BRANDSMA, F.:
Dorotheus and his Digest Translation,
Groningen (1996), XII+336 p.
rec. L. BURGMANN, ZSS 115 (1998), p. 628 – 631.

283. BRETONE, M.:
Diritto e pensiero giuridico romano,
Firenze (1976), 107 p.

284. CATALANO, P.:
Nuova pubblicazione del libro I del Digesta Iustiniani a Lima,
INDEX 25 (1997), p. 71 – 81.

285. DANILOVIĆ, J./STANOJEVIĆ, O.:
Tekstovi iz rimskog prava,
1. ed., Beograd (1970),
2. ed., Beograd (1973).

286. PALMIRSKI, T. (ed.):
Digesta Ivstiniani. Digesta justyniańskie. Tekst i przekład, Tom. I: Księgi

1 - 4, K. Hilman/M. Hładyszewska/T. Palmirski/J. Reszczyński/ H. Wolanin/J. Zabłocki,
Kraków (2013), 571 p.

287. PALMIRSKI, T. (ed.):
Digesta Ivstiniani. Digesta justyniańskie. Tekst i przekład, Tom. II: Księgi 5 - 11, K. Hilman/M. Hładyszewska/T. Palmirski/P. Święcicka/ J. Reszczyński/H. Wolanin,
Kraków (2013), 503 p.

288. PALMIRSKI, T. (ed.):
Digesta Ivstiniani. Digesta justyniańskie. Tekst i przekład, Tom. III: Księgi 12 - 19, K. Hilman/M. Hładyszewska/J. Krzynówek/T. Palmirski/ J. Reszczyński/K. Wyrwińska/J. Zabłocki,
Kraków (2014), 599 p.

289. PALMIRSKI, T. (ed.):
Digesta Ivstiniani. Digesta justyniańskie. Tekst i przekład, Tom. IV: Księgi 20 - 27, K. Hilman/M. Hładyszewska/P. Niczyporuk/ T. Palmirski/J. Reszczyński/H. Wolanin,
Kraków (2014), 631 p.

290. DIÓSDI, G. (ed.):
A római jog világa,
Budapest (1973), 253 p.
rec. G. ÉLES, Jogtudományi közlöny, 29 (1974), 5, p. 254 - 255;
R. WITTMANN, ZSS 91 (1974), p. 546 - 547.

291. DÜLL, R.:
Corpus Iuris. Eine Auswahl der Rechtsgrundsätze der Antike. Übersetzt und mit dem Urtext herausgegeben von R. Düll,
München (1939), 259 p.
rec. H. KRELLER, ZSS 59 (1939), p. 704 - 705.
2. ed., München (1960), 251 p.
rec. Th. MAYER-MALY, Anz. f. Altertumswiss. 13 (1960).

292. de FONSECA, R./de ORTEGA, J. M./de BACARDI, A.:
Corpus Iuris Civilis I - II,
Barcelona (1874).

293. [FORAMITI, F.:]
Corpo del diritto civile in cui si contengono le Istituzioni di Giustiniano, i Digesti o Pandette, il Codice, le Autentiche, ossiano novelle Costituzioni, e gli Editti, Tom. I - II, traduzione F. Foramiti,
Venezia (1830 - 1843).

294. [FORAMITI, F.:]
Corpo del Diritto Civile in cui si contengonole Istituzioni di Giustiniano i Digesti o Pandette, il Codice, le Autentiche, ossiano Novelle Costituzioni, e gli Editti, non che le Novelle Costituzioni di Leone e di altri imperatori i Canoni de'santi e degli apostoli e i Libri de'feudi con brevi note indicanti le leggi simili, quelle che a vicenda s'illustrano, le contrarie a le abrogate, premessa, La storia cronologica del diritto civile romano. Nuova edizione eseguita di Parigi del 1830. Prima Versione Italiana per istudio e cura di F. Foramiti, Venezia (1836).
Napoli (1844 - 1846).

295. [GARCÍA del CORRAL, I. L.:]
Cuerpo del derecho civil romano a doble texto, traducido al castellano del latino publicado por los hermanos Kriegel, Hermann y osenbrüggen con los variantes de las principales ediciones antiguas y modernas y con notas de referencias por D. Ildefonso L. García del Corral, Tom. I - II - III - IV - V - VI, Barcelona (1889 - 1898), Tom. I - II - III: Digesta,
Barcelona (1889 - 1892).
reed. Valladolid (1989 - 1990),
reed. Valladolid (2004).

296. HÄRTEL, G.:
Aus den Digesten, Auswahl und Übersetzung,
[in:] L. Huchthausen (ed.): Römisches Recht in einem Band (Bibliothek der Antike, römische Reihe),
Berlin-Weimar (1975), p. 223 - 300.
2. ed. Berlin-Weimar (1983), XLVI+524 p.

297. HERMESDORF, B. H. D.:
Schets der uitwendige geschiedenis van het romeins recht,
Nijmegen (1970), p. 275 - 282, 284 - 286.

298. [HULOT, H./BERTHELOT, J. F.:]
Corps de droit civil romain en latin et en français, Tom. I - II - III - IV - V - VI - VII: Les cinquante livres du Digeste ou des Pandectes de l'Empereur Justinien, traduits par H. Hulot/J. F. Berthelot,
Paris (1803 - 1805),
reed. Aalen (1979).

299. J. B.:
Une traduction en français du Digeste,
NRH 33 (1899), p. 371 - 372.

300. KINCL, J.:
Texty ke studiu obecných dějin státu a práva. I. Starověk, část třetí: Otrokářský stát římský,
Praha (1972), p. 53 - 260.

301. KINCL, J.:
Texty ke studiu obecných dějin státu a práva I. Starověk, část 1,
Praha (1977), 200 p.

302. KINCL, J.:
Texty ke studiu obecných dějin státu a práva I. Starověk, část 2,
Praha (1977), 213 p.

303. KNÜTEL, R.:
Einzelne Probleme bei der Übersetzung der Digesten,
ZSS 111 (1994), p. 376 - 402.

304. KNÜTEL, R.:
I problemi della traduzione giuridica,
Index 25 (1997), p. 11 - 12.

305. KNÜTEL, R.:
Interpretierendes Übersetzen,
[in:] M. Armgardt/F. Klinck/I. Reichard (eds.): Liber amicorum Chr. Krampe (Freiburger Rechtsgesch. Abh., NF, Bd. 68),
Berlin (2013), p. 215 - 229.

306. [KNÜTEL, R./KUPISCH, B./RÜFNER, T./SEILER, H. H.:]
Corpus Iuris Civilis. Text und Übersetzung V. Digesten 28 – 34. Gemeinschaftlich übersetzt und herausgegeben von R. Knütel/ B. Kupisch/T. Rüfner/H. H. Seiler,
Heidelberg (2012), XVII+704 p.
rec. D. LIEBS, ZSS 131 (2014), p. 449 – 453.

307. [KOFANOV, L. L.:]
DIGESTA IVSTINIANI VOL. PRIMUM. DIGESTY JUSTINIANA TOM I, L. L. Kofanov (ed.),
Moskva (2002), 583 p.

308. [KOFANOV, L. L.:]
DIGESTA IVSTINIANI VOL. SECUNDUM. DIGESTY JUSTINIANA TOM II, L. L. Kofanov (ed.),
Moskva (2008).

309. [KOFANOV, L. L.:]
DIGESTA IVSTINIANI VOL. TERTIUM. DIGESTY JUSTINIANA TOM III, L. L. Kofanov (ed.),
Moskva (2008).

310. [KOFANOV, L. L.:]
DIGESTA IVSTINIANI VOL. QUARTUM. DIGESTY JUSTINIANA TOM IV, L. L. Kofanov (ed.),
Moskva (2004).

311. [KOFANOV, L. L.:]
DIGESTA IVSTINIANI VOL. QUINTUM. DIGESTY JUSTINIANA TOM V (1), L. L. Kofanov (ed.),
Moskva (2004).

312. [KOFANOV, L. L.:]
DIGESTA IVSTINIANI VOL. SEXTUM. DIGESTY JUSTINIANA TOM VI (1), L. L. Kofanov (ed.),
Moskva (2005).

313. [KOFANOV, L. L.:]
DIGESTA IVSTINIANI VOL. SEXTUM. DIGESTY JUSTINIANA TOM VI (2), L. L. Kofanov (ed.),
Moskva (2005).

314. [KOFANOV, L. L.:]
DIGESTA IVSTINIANI VOL. SEPTIMUM. DIGESTY JUSTINIANA TOM VII (1), L. L. Kofanov (ed.),
Moskva (2005).

315. [KOFANOV, L. L.:]
DIGESTA IVSTINIANI VOL. SEPTIMUM. DIGESTY JUSTINIANA TOM VII (2), L. L. Kofanov (ed.),
Moskva (2005).

316. [KOFANOV, L. L.:]
DIGESTA IVSTINIANI VOL. OCTAVUM. DIGESTY JUSTINIANA TOM VIII, L. L. Kofanov (ed.),
Moskva (2006).

317. MACKINTOSH, J.:
The Roman Law of Sale with Modern Illustrations. Dig. XVIII. 1-Dig. XIX. 1,
2. ed., Translated with Notes and References to Cases and the Sales of Goods Act,
Edinburgh (1907).

318. D'ORS, A./HERNANDEZ-TEJERO, F./FUENTESECA, P./ GARCÍA-GARRIDO, M./BURILLO, J.:
El Digesto de Justiniano, Tom. I: Constituciones preliminaces y libros 1 - 19,
Pamplona (1968).

319. D'ORS, A./HERNANDEZ-TEJERO, F./FUENTESECA, P./ GARCÍA-GARRIDO, M./BURILLO, J.:
El Digesto de Justiniano, Tom. II: libros 20 - 36,
Pamplona (1972).

320. D'ORS, A./HERNANDEZ-TEJERO, F./FUENTESECA, P./ GARCÍA-GARRIDO, M./BURILLO, J.:
El Digesto de Justiniano, Tom. III: libros 37 - 50,
Pamplona (1975).

321. OSUCHOWSKI, W.:
Wybór źródeł rzymskiego prawa prywatnego z tłumaczeniem,
Krakow (1982).

322. [OTTO, K. E./SCHILLING, B./SINTENIS, K. F. F.:]
DAS CORPUS IURIS CIVILIS (ROMANI). Ins Deutsche übersetzt von einem Verein Rechtsgelehrter und herausgegeben von K. E. Otto/B. Schilling/K. F. F. Sintenis, Band 1: Institutionen, Pandekten Buch 1 - 11,
2. ed., Leipzig (1839),
reed. Aalen (1984), p. 209 - 934.

323. [OTTO, K. E./SCHILLING, B./SINTENIS, K. F. F.:]
DAS CORPUS IURIS CIVILIS (ROMANI). Ins Deutsche übersetzt von einem Verein Rechtsgelehrter und herausgegeben von K. E. Otto /B. Schilling/K. F. F. Sintenis, Band 2: Pandekten Buch 12 - 27,
Leipzig (1831),
reed. Aalen (1984), 1004 p.

324. [OTTO, K. E./SCHILLING, B./SINTENIS, K. F. F.:]
DAS CORPUS IURIS CIVILIS (ROMANI). Ins Deutsche übersetzt von einem Verein Rechtsgelehrter und herausgegeben von K. E. Otto /B. Schilling/K. F. F. Sintenis, Band 3: Pandekten Buch 28 - 38,
Leipzig (1831),
reed. Aalen (1984), 1014 p.

325. [OTTO, K. E./SCHILLING, B./SINTENIS, K. F. F.:]
DAS CORPUS IURIS CIVILIS (ROMANI). Ins Deutsche übersetzt von einem Verein Rechtsgelehrter und herausgegeben von K. E. Otto /B. Schilling/K. F. F. Sintenis, Band 4: Pandekten Buch 39 - 50,
Leipzig (1832),
reed. Aalen (1984), 1286 p.

326. PELLAT, C. A.:
Textes choisis des Pandectes traduits et commentés,
2. ed., Paris (1853).

327. PERETERSKIJ, I. S./SKRIPILEV, E. A.:
Digesty Justiniana, I. S. Pereterskij, E. A. Skripilev (ed.),
Moskva (1984), 456 p.,
rec. H. HAUSMANINGER, ZSS 103 (1986), p. 632 - 635.

328. vacat

329. RODRÍGUES de FONSECA, B. A.:
Digesta teórico-práctico, ó Recopilación de los derechos comùn, y real y canónico por los libros y títulos del Digesto: Traducción literal al castellano de todas las leyes y párrafos del Digesto, expresión de sus concordantes y discordantes con las del Código, derecho real de España é Indias, y capítulos canónicos, por el orden de su antiguedad, y la exposición de todas ellas, hasta las nuevamente recopiladas en el año de 1773, con sus derogaciones correcciones y ampliaciones: Obra útil para el uso de todos los facultativos, para los juces que non son juristas, para eclesiásticos y religiosos y todas las personas que deséen instruirse en las materias del derecho: su autor el Lic. D. Bartolomé Agustin Rodríguez de Fonseca, Tom. I - XVIII; transl. et ed. B. A. Rodíguez de Fonseca,
Madrid (1775 - 1791).

330. RODRÍGUES de FONSECA, B. A.:
El digesto del emperador Justiniano: traducido y publicado en el siglo anterior por el licenciado don Bartolomé Agustín Rodriguez de Fonseca, Nueva edicion aumentada con la traducción de los proemios, completada y revisada con arregalo á los textos mas autorizados de las ediciones modernas, Tom. I - II - III,
Madrid (1872 - 1874).

331. ROMAC, A.:
Izvori rimskog prava. Latinski tekstovi s prijevodom,
Zagreb (1973), XVI+607 p., reg.
Zagreb (1983), 624 p.

332. s.a.:
Corpus Juris Civilis nella sua miglior lezione secondo gli più recenti con richiami alle diverse sue parti e alle diposizioni del Codice civile italiano e delle varie legislazioni moderne, compilata da una Associazione di Avvocati Italiani, fasc. 1 - 70,
Roma (1885 - 1893).

333. s.a.:
Pamjatniki rimskogo prava: Zakony XII tablic, Institucji Gaia, Digesty Justiniana,
Moskva (1997), 607 p.

334. [SCHARR, E.:]
De Romanorum iure latine et germanice. Delegit, convertit, annotavit, praefatus est/Römisches Privatrecht lateinisch und deutsch. Ausgewählt, übertragen, erklärt u. eingeleitet von E. SCHARR,
Zürich-Stuttgart (1960), 1400 p., reg.

335. SCHIPANI, S.:
Iustiniani Augusti Digesta seu Pandectae. Digesti o Pandette dell'imperatore Giustiniano. Testo e traduzione, Tom. I (1 - 4),
Milano (2005).

336. SCHIPANI, S.:
Iustiniani Augusti Digesta seu Pandectae. Digesti o Pandette dell'imperatore Giustiniano. Testo e traduzione, Tom. II (5 - 11),
Milano (2005).

337. SCHIPANI, S.:
Iustiniani Augusti Digesta seu Pandectae. Digesti o Pandette dell'imperatore Giustiniano. Testo e traduzione, Tom. III (12 - 19),
Milano (2007).

338. SCHIPANI, S.:
Iustiniani Augusti Digesta seu Pandectae. Digesti o Pandette dell'imperatore Giustiniano. Testo e traduzione, Tom. IV (20 - 27),
Milano (2011).

339. SCOTT, S. P.:
The Civil Law, Tom. I - II - III - IV - V - VI - VII,
Cincinnatti (1932).
reed. New York (1973).
reed. New York (2001).

340. SCOTT, S. P.:
The Civil Law Vol. 1 - 2, The Digest or Pandects (Books I - II),
New Jersey (2001), XIII+332 p.; XI+325 p.

341. SCOTT, S. P.:
The Civil Law Vol. 3 - 4, The Digest or Pandects (Books III - XVII),
New Jersey (2001), VI+347 p.; VI+359 p.

342. SCOTT, S. P.:
The Civil Law Vol. 5 - 6, The Digest or Pandects (Books XVIII - XXIX),
New Jersey (2001), VI+342 p.; VI+334 p.

343. SCOTT, S. P.:
The Civil Law Vol. 7 - 8, The Digest or Pandects (Books XXIX - XXXIX),
New Jersey (2001), V+333 p.; VI+343 p.

344. SCOTT, S. P.:
The Civil Law Vol. 9 - 11, The Digest or Pandects (Books XXXIX - L),
New Jersey (2001), VII+335 p.; VI+336 p. ; VII+318 p.

345. SEILER, H. H.:
Ueber die Alltagsarbeit unserer Uebersetzens,
Index 25 (1997), p. 75 - 78.

346. SIPEKIOVÁ, N.:
Niekoľko poznámok k prekladu a jazyku Digest,
[in:] P. Mach/M. Pekarik/V. Vladár (eds.): Constans et perpetua voluntas. Pocta P. Blahovi,
Trnava (2014), p. 563 - 568, Summ.

347. SKRIPILEV, E. A. (ed.):
Justiniani Digesta. Fragmenta selecta. Digesty Justiniana. Izbrannyje fragmenty v perevode i s primečanijami I. S. Pereterskogo,
Moskva (1984), 456 p.
rec. H. HAUSMANINGER, ZSS 103 (1986), p. 632 - 635.

348. SKŘEJPEK, M.:
Texty ke studiu římského práva,
Praha (2001), p. 166 - 219.

349. SKŘEJPEK, M.:
Prameny římského práva - Fontes iuris romani,
Praha (2004), 376 p.; p. 197 - 286.

350. SPRUIT, J. E./FEENSTRA, R./BONGENAAR, K. E. M.:
Corpus juris civilis: Tekst en vertaling. II, Digesta I - X - Digesten 1 - 10, onder de redactie van: J. E. Spruit, R. Feenstra,

K. E. M. Bongenaar, med medewerking van: E. de Ligt en J. M. Tevel, vertaald door J. E. Spruit, J. G. Bijleveld, R. Feenstra, M. J. E. G van Gesel-de Roo, G. Macours, E. Pool, H. L. M. J. Schuurmans, E. Slob, P. J. Verdam, R. Verstegen, M. van de Vrugt, T. Wallinga, F. B. J. Wubbe,
Zutphen (1994), XLVI+834 p.
rec. R. KNÜTEL, ZSS 113 (1996), p.431 - 451;
R. DUTHOY, L'antiquité classique 65 (1996), p. 524.

351. SPRUIT, J. E./FEENSTRA, R./BONGENAAR, K. E. M.:
Corpus juris civilis: Tekst en vertaling. III, Digesten 11 - 24 = Digesta XI - XXIV, onder de redactie van: J. E. Spruit, R. Feenstra, K. E. M. Bongenaar; vertaald door: J. E. Spruit ... [et al.]; met medewerking van L. de Ligt ... [et al.]
Zutphen (1996), VI+923 p.
rec. R. KNÜTEL, ZSS 117 (2000), p. 711 - 721.

352. SPRUIT, J. E./FEENSTRA, R./BONGENAAR, K. E. M.:
Corpus juris civilis: Tekst en vertaling. IV, Digesten 25 - 34 = Digesta XXV - XXXIV, ondor de redactie van: J. E. Spruit, R. Feenstra, K. E. M. Bongenaar; vertaald door: J. E. Spruit ... [et al.]
Zutphen (1997), VI+902 p.
rec. R. KNÜTEL, ZSS 125 (2008), p. 721 - 735.

353. SPRUIT, J. E./FEENSTRA, R./BONGENAAR, K. E. M.:
Corpus juris civilis: Tekst en vertaling. V, Digesten 35 - 42 = Digesta XXXV - XLII, onder de redactie van: J. E. Spruit, R. Feenstra, K. E. M. Bongenaar; vertaald door J. E. Spruit ... [et al.]; met medewerking van L. de Ligt ... [et al.]
Zutphen (2000), VIII+1000 p.
rec. R. KNÜTEL, ZSS 125 (2008), p. 721 - 735.

354. SPRUIT, J. E./FEENSTRA, R./BONGENAAR, K. E. M.:
Corpus juris civilis: Tekst en vertaling. VI, Digesten 43 - 50 = Digesta XLIII - L, onder de redactie van: J. E. Spruit, R. Feenstra, K. E. M. Bongenaar; vertaald door J. E. Spruit ... [et al.]; met medewerking van L. de Ligt en J. M. Tevel
Zutphen (2001), VIII+988 p.
rec. R. KNÜTEL, ZSS 125 (2008), p. 721 - 735.

355. TUREČEK, J. e.a.:
Výbor z textů ke studiu obecných dějin státu a práva,
Praha (1956), pp. 48 - 51, 66 - 185.

356. VIGNALI, G.:
Corpo del diritto corredato delle note di Dionisio Gotofredo, e di C. E. Freiesleben altrimenti Ferromontano, con le varianti delle leggi e con la conciliazione delle stesse fra loro, preceduto della cronologia delle leggi di Roma compilata sulle migliori opere finora pubblicate coll'aggiunzione delle Istituzioni di Cajo, dei frammenti di tutte le leggi relative al diritto romano, sia che siano mentovate nel Corpo del diritto sia che siano raccolte in altre opere, dei Frammenti di Ulpiano, di Paolo e de'Frammenti così detti Vaticani. Corredato in ultimo di sei indici e cronologici ed alfabetici [...] Per cura del consigliere Giovanni Vignali, La traduzione delle note di Gotofredo e di Ferromontano, sotto la direzione del sig. Vignali, e affidata all'avocato Luigi Mezzacapo, I - X [II - VII: Digesta],
Napoli (1856 - 1862), 1352 p.; 1268 p.; 828 p.; 1368 p.; 1392 p.; 1272 p.

357. [WATSON, A.:]
The Digest of Justinian. Latin Text edidit by Th. Mommsen with the aid of P. Krüger, English Translation by A. Watson, Tom. I - II - III - IV,
Philadelphia (1985).

358. [WATSON, A.:]
The Digest of Justinian, vol. I: Book 1 - 29, Transl. by A. Watson,
Philadelphia (1998), LXXVII+s.p.

359. [WATSON, A.:]
The Digest of Justinian, vol. II: Book 30 - 50, Transl. by A. Watson,
Philadelphia (1998), XII+s.p.

V. Translationes titulorum

360 – 416

360. BAUDOUIN (BALDUINUS), F.:
Commentarii De pignoribus et hypothecis [...],
(1557).

361. BEINART, B./ORMONDE, M. E. P.:
Commentarius ad Pandectas. Book 19, title 2: Locatio conductio,
Cape Town (1900), IV+48 p.

362. BERWICK, T.:
A contribution to an English translation of Voet's Commentary on the Pandects: comprising all the titles on purchase and sale - letting and hiring - mortgages - evictions - warranty - and allied subjects; being lib. XVIII., XIX., XX., XXI., and tit. VII. of lib. XIII.,
London (1902), XVII+557 p.

363. BUCHANAN, J.:
Commentarius ad Pandectas = Commentary on the Pandects. Part 5, being v. 1, bk. 2, tit. 14, pp. 165 - 177, On pacts,
Cape Town (1881), 30 p.

364. BUCHANAN, W. P.:
Johannes Voet's Commentary on the Pandects : books XXX, XXXI, and XXXII in one title : dealing with legacies and fideicommissa,
Cape Town (1894), 80 p.

365. De VILLIERS, M.:
The Roman and Roman-Dutch law of injuries: a translation of Book 47, title 10, of Voet's Commentary on the Pandects, with annotations by Melius de Villiers,
Cape Town (1899), XLII+307 p.

366. De VOS, C. E.:
A translation of Voet's Commentaries on the Pandects, book XLII, tit. 8 (fraudulent alienations),
Galle (1896), 29 p.

367. DIAS, F. R.:
Digest II, 14 - 15,
Cambridge (1884), 53 p.

368. EAGLE, J. N.:
Commentarius ad Pandectas, Injury or Libel, (book XLVII, title X),
Philippolis (1880), 44 p.

369. ENAMI, Y.:
Interpretatio Digestorum in liguam Japonicam, Tom. I - II
[libri 6 - 19, 28, 39, 41 - 47],
Tokio (1991 - 1992).

370. GANE, P./van den LINDEN, J.:
The selective Voet : being the Commentary on the Pandects
[Paris edition of 1829],
Durban (1955, 1958, 1989), 8 vol.

371. HARUKI, I.:
Digesta Iustiniani, [libri 1 - 4],
Tokio (1938).

372. HAUSMANINGER, H.:
Das Schadenersatzrecht der lex Aquilia,
2. ed., Wien (1980), 136 p.,
5. ed., Wien (1996), 156 p.

373. van den HEEVER, F. P.:
Aquilian damages in South African law,
Cape Town (1944), XI+142 p.

374. HOLLAND, Th. E./SHADWELL, Ch. L.:
Select titles from the Digest of Justinian,
Oxford (1881), 468 p. [D 1,1; 1,2; 8,1; 23,2; 41,1; 44,7; 50,16; 50,17].

375. HORWOOD, T. B.:
Voet's Commentaries. Book XXII,
Cape Town (1929), 127 p.

376. HOSKYNS, L.:
Voet, Commentarius ad Pandectas. Part II, Servitudes (Book VIII.),
London (1878), 81 p.

377. INNES, J. R.:
Voet, Commentarius ad Pandectas, tr. into English. Of the direct and indirect actions of mandate. (Book XVII, tit. I.) The action of partnership. (Book XVII, tit. I.),
London (1879), 56 p.

378. JACKSON, T. C.:
Justinian's Digest (book 20), with an English Translation and an Essay on the Law of Mortgage in the Roman Law,
London (1908), LXIII+98 p.

379. JOLOWICZ, H. F.:
Digest XLVII, 2. De Furtis, edited with Introduction, Translation and Notes,
Cambridge (1940), XCI+137 p.

380. JONES, H.
Voet, Commentarius ad pandectas. Book XXIV, Title 1, Of donations between husband and wife,
Cape Town (1893), 70 p.

381. KOLBERT, C. F.:
Justinian. The Digest of Roman Law. Theft, Rapine, Damage and Insult,
Hammondsworths (1979), 191 p. [D 9,2; 47,2; 47,8; 47,10].

382. KRAUSE, L. E.:
Commentary on the Pandects : in which, besides the principles of the Roman law and the more remarkable controversies, the modern law and more particularly questions of practice, are examined : Books 44 & 45, exceptions, prescriptions, obligations, actions,
Cape Town (1920), 226 p.

383. KRAUSE, L. E.:
Commentarius ad Pandectas = Commentary on the Pandects. books 39.5, 39.6, 24.1, 23.4, 23.3, 23.5, concerning gifts inter vivos, mortis causa, between spouses, antenuptial contracts, and the proprietary rights of spouses,
Cape Town (1921), 335 p.

384. KRAUSE, L. E.:

Voet's Commentaries. Book XLI, Modes of acquiring property, possession, and acquisitive prescription,

Cape Town (1922), VIII+289 p.

385. KRAUSE, L. E.:

Voet's commentaries. Book XLII, Judgments, provisional sentence, execution, confessions and admissions, the common law of insolvency, fraudulent alienations,

Cape Town (1924), VII+292 p.

386. KRAUSE, L. E./KRAUSE, F. E. T.:

Voet's commentaries : books XLIII. & XXXIX. 3 : interdicts and water rights,

Cape Town (1926), XII+186 p.

387. LAWSON, F. H.:

Negligence in the Civil Law,

Oxford (1950), 341 p.

2. ed. (1955), XIV+341 p.

3. ed. (1968), XIV+341 p.

388. MACKINTOSH, J.:

The Roman Law of Sale with Modern Illustrations. Dig. 18,1-Dig. 19,1. Translated with Notes and References to Cases and the Sales of goods Act,

Edinbourgh (1892), XV+273 p.

2. ed., Edinbourgh (1907), XXV+300 p.

389. MALENICA, A.:

Justinijanova Digesta. Knjiga prva,

Beograd (1997, 2003).

390. McGREGOR, A. J.:

Voet, Book XXXVI. Titles I. and II. Ad S.C. Trebellianum: and therein mainly of fidei-commissa and the vesting of legacies and of fidei-commissa (excluding sections 40 – 48, 51 – 53, 57 – 59 of title I., relating to the Trebellian fourth, &c.),

Cape Town (1897), XI+183 p.

391. MONRO, Ch. H.:
D 19, 2 Locati Conducti,
Cambridge (1891), VI+83 p.
2. ed. (1932).

392. MONRO, Ch. H.:
Digest XLVII, 2. De furtis. With translation and notes by C. H. Monro, M.A.,
Cambridge (1893), VII+128 p.

393. MONRO, Ch. H.:
Digest IX, 2. Lex Aquilia. Translated with notes by C. H. Monro.
Cambridge (1898), VIII+98 p.

394. MONRO, Ch. H.:
Digest XVII, 2. Pro socio,
Cambridge (1902), VI+84 p.

395. MONRO, Ch. H.:
The Digest of Justinian. Translated by Ch. H. Monro, Tom. I [Deo auctore, Omnem, Tanta, Libri 1 - 6],
Cambridge (1904), XXXVI+399 p.

396. MONRO, Ch. H.:
The Digest of Justinian. Translated by Ch. H. Monro, Tom. II [libri 7 - 15],
Cambridge (1909), VIII+453 p.

397. MORCOM, W. B.:
Commentarius ad Pandectas : the administration and liability of tutors and curators; Book XXVI,
Pietermaritzburg (1895), 23 p.

398. OLIVER, D. T.:
Digest XII, 1 and 4 - 7 and XIII, 1 - 3. De condictionibus, edited with Translation and Notes,
Cambridge (1937), XXII+118 p.

399. ROBINSON, M. B.:
The Digest or Pandects of Justinian Book 46, titles 1 and 2, with the notes of R. J. Pothier, translated by M. B. Robinson,
Grahamstown (1910), 58 p.

400. s.a.:

Justinians Pandekten. Buch I - IV in sinngetreuer deutscher Übersetzung nebst sprachlichen und sachlichen Erläuterungen, Glossarien und Indices, bearbeitet von einem praktischen Juristen,
Stuttgart (1883).
2. ed. Stuttgart (1903), IV+332 p.

401. SAVUNDRANAYAGAM, A. P.:

Loan for Use-Commodati vel contra. (Book XIII., title 6 [of the Commentarius ad Pandectas].),
Colombo (1929), II+13 p.

402. [SCHIPANI, S.:]

Zhai, qi yue zhi zhail. Corporis iuris civilis fragmenta selecta, Tom. I - II - III - IV - V - VI, S. Schipani/Huang Fen/Fan Huaijun/Ding Mei/Mi Jian/Fei Anling/Xu Guodong/Zhang Lihong,
Beijing [China] (1992 - 2001),
Liu Jia'An (liber 18),
Beijing (2001).

403. SEARLE, M. W./JOUBERT, J. A.:

Voet. Commentarius ad Pandectas: select titles translated into English: II. The senatus-consultum Velleianum. Set-off. The actio depositi. (Book XVI.),
Cape Town (1887), VIII+47 p.

404. SEARLE, M. W./JOUBERT, J. A.:

Voet. Commentarius ad Pandectas. Select titles, translated into English. I. Usufruct. (Book VIII.),
Cape Town (1887), 96 p.

405. SOLOMON, W. H.:

Commentarius ad Pandectas: translated into English: The contract of letting and living (Book XIX, Tit. 2.),
London (1879), 46 p.

406. STONEY, W.:

Commentarius ad Pandectas. Book 23, Title 2, On marriage laws: with a digest of the cases connected therewith,
Cape Town (1896), IV+97 p.

407. SWIFT, G. M./PAYNE, H. C.:
Commentary on the Pandects: on suretyship, novation and payment; Book 46, titles 1, 2 and 3,
Grahamstown (1907), 188 p.

408. SZOLC-NARTOWSKI, B.:
Digesta justyniańskie. Księga pierwsza,
Warszawa (2007).

409. THAYER, J. B.:
Lex Aquilia (Digest IX, 2, Ad legem Aquiliam), Text, Translation and Commentary; On Gifts between Husband and Wife,
Cambridge (1929).

410. WALKER, Br.:
Selected Titles from the Digest, Tom. I: Mandati vel contra, Translated and Annoted,
Cambridge (1879).

411. WALKER, Br.:
Selected Titles from the Digest, Tom. II: 12, 1; 12, 4 – 12, 7; 13, 1 – 3,
Cambridge (1881).

412. WALKER, Br.:
Selected Titles from the Digest, Tom. III: 41, 1 – 2,
Cambridge (1880).

413. WARE, E. F.:
Roman Water Law. Translated from the Pandects of Justinian,
St. Paul (1905).

414. WILSON, R. K. (transl.):
Voet, Commentarius ad pandectas. Part I, The contract of sale (Book XVIII.),
London (1876), 139 p.

415. ZULUETA, F. de:
The Roman Law of Sale. Introduction and select Texts,
Oxford (1945), XI+265 p., reg., Digesta, p. 85 – 161,
2. ed., Oxford (1949),
rec. Z. LISOWSKI, CPH 1 (1948), p. 194 – 196.

416. ZULUETA, F. de:
Digest 41. 1 and 2; with Translation and Commentary,
Oxford (1922), 75 p.
reed. Oxford (1963), 111 p.
reed. Aalen (1979), 111 p.

VI. Regulae iuris antiqui

417 – 429

417. [BECKHAUS, F. G. C. (ed.):]
Bulgari ad Digestorum titulum De diversis regulis iuris antiqui commentarius et Placentini ad eum addictiones sive exceptiones, ed. F. G. C. Beckhaus,
Bonnae (1856), XXIII+164 p.
reed. Frankfurt a. M. (1967).

418. CAPRIOLI, S.:
Tre capitoli intorno alla nozione di "regula iuris" nel pensiero dei Glossatori,
Annali di storia del diritto, 5 - 6 (1961 - 1962), p. 221 - 374.

419. CAPRIOLI, S.:
Bertrandi quaedam de regulis iuris,
Annali di storia del diritto 8 (1964), p. 225 - 267.

420. CAPRIOLI, S.:
Bertrandi quaedam de regulis iuris,
Annali di storia del diritto 10/11 (1966/1967), p. 479 - 526.

421. CAPRIOLI, S.:
Bertrandus Metensis, De regulis iuris,
(1981).

422. DOLEZALEK, G.:
Zur Datierung des Kommentars "De regulis iuris" von Betrandus Metensis,
Ius Commune 11 (1984), p. 31 - 36.

423. GIPHANIUS (van GIFFEN), H.:
Tractatus de diversis regulis juris antiqui utilissimus. Cum indice rerum ac verborum copiosissimo,
Argenorati (1607), 261 p.

424. GODEFROY (GOTHOFREDUS), J.:
Novus in titulum Pandectarum de diversis regulis iuris antiqui, Commentarius,
Genève (1653).

425. HAMZA, G./KÁLLAY, I.:
De Diversis Regulis Iuris Antiqui. A Digesta 50, 17. regulái /latinul és magyarul/, Publ. Instituti Iuris Romani Budapestinensis, fasc. 3,
Budapest (1974), 61 p.

426. HAMZA, G./KÁLLAY, I.:
De diversis regulis iuris antiqui, Publ. Inst. Budap., fasc. 3,
Budapest (1975), 47 p.

427. PALMIRSKI, T.:
A few remarks concerning original context of some Rules of Early Law included in D. 50,17,
[in:] P. Mach/M. Pekarik/V. Vladár (eds.): Constans et perpetua voluntas. Pocta P. Blahovi,
Trnava (2014), p. 461 - 483.

428. SAMPSON, V.:
Fundamental Rules of Roman Law as Collected in Digest Book 50, tit. 17,
Juta (1926), 53 p.

429. SKŘEJPEK, M.:
Maxima [Paul D 50, 17, 1], SOUDCE 4 (2002), 7 - 8, p. 31 - 32; Maxima [Ulp D 50, 17, 2 pr.-1], SOUDCE 4 (2002), 9, p. 14 - 15; Maxima [Ulp D 50, 17, 3], SOUDCE 4 (2002), 11, p. 14 - 16; Maxima [Ulp D 50, 17, 4], SOUDCE 5 (2003), 1 - 2, p. 29 - 31; Maxima [Paul D 50, 17, 5], SOUDCE 5 (2003), 3, p. 15 - 16; Maxima [Ulp D 50, 17, 6], SOUDCE 5 (2003), 4, p. 15 - 16; Maxima [Pomp D 50, 17, 7], SOUDCE 5 (2003), 5, p. 15 - 16; Maxima [Pomp D 50, 17, 8], SOUDCE 5 (2003), 6, p. 14 - 15; Maxima [Ulp D 50, 17, 9], SOUDCE 5 (2003), 7, p. 15 - 16; Maxima [Paul D 50, 17, 10], SOUDCE 5 (2003), 8, p. 14 - 16; Maxima [Paul D 50, 17, 11], SOUDCE 5 (2003), 9, p. 14 - 15; Maxima [Paul D 50, 17, 12], SOUDCE 5 (2003), 10, p. 13 - 14; Maxima [Ulp D 50, 17, 13], SOUDCE 5 (2003), 11, p. 10 - 11; Maxima [Pomp D 50, 17, 14], SOUDCE 6 (2004), 3, p. 19 - 20; Maxima [Paul D 50, 17, 15] SOUDCE 6 (2004), 5, p. 19 - 20; Maxima [Ulp 50, 17, 16], SOUDCE 6 (2004), 10, p. 23 - 24; Maxima [Ulp D 50, 17, 17], SOUDCE 6 (2004), 11, p. 40; Maxima [Pomp D 50, 17, 18], SOUDCE 7 (2005), 1, p. 36 - 37; Maxima [Ulp D 50, 17, 19 pr.-1], SOUDCE 7 (2005), 2,

p. 39 – 40; Maxima [Pomp D 50, 17, 20], SOUDCE 7 (2005), 3, p. 39 – 40; Maxima [Pomp D 50, 17, 21], SOUDCE 7 (2005), 4, p. 39 – 40; Maxima [Ulp D 50, 17, 22 pr.-1], SOUDCE 7 (2005), 5, p. 39 – 40; Maxima [Ulp D 50, 17, 23], SOUDCE 7 (2005), 6, p. 37 – 38; Maxima [Paul D 50, 17, 24], SOUDCE 7 (2005) 7, p. 39 – 40; Maxima [Pomp D 50, 17, 25], SOUDCE 7 (2005), 8, p. 39 – 40; Maxima [Pomp D 50, 17, 26], SOUDCE 7 (2005), 9, p. 39 – 40; Maxima [Pomp D 50, 17, 27], SOUDCE 7 (2005), 10, p. 39 – 40; Maxima [Ulp D 50, 17, 28], SOUDCE 7 (2005), 11, p. 39 – 40; Maxima [Paul D 50, 17, 29], SOUDCE 8 (2006), 1, p. 36 – 38; Maxima [Ulp D 50, 17, 30], SOUDCE 8 (2006), 2, p. 39 – 40; Maxima [Ulp D 50, 17, 31], SOUDCE 8 (2006), 3, p. 39 – 40; Maxima [Ulp D 50, 17, 32], SOUDCE 8 (2006), 4, p. 39 – 40; Maxima [Pomp D 50, 17, 33], SOUDCE 8 (2006), 5, p. 39 – 40; Maxima [Pomp 50, 17, 34 – 35], SOUDCE 8 (2006), 7 – 8, p. 77 – 80; Maxima [Pomp D 50, 17, 36], SOUDCE 8 (2006), 10, p. 39 – 40; Maxima [Ulp D 50, 17, 37], SOUDCE 9 (2007), 1, p. 39 – 40; Maxima [Pomp D 50, 17, 38], SOUDCE 9 (2007), 2, p. 39 – 40; Maxima [Pomp D 50, 17, 39], SOUDCE 9 (2007), 3, p. 39 – 40; Maxima [Pomp D 50, 17, 40], SOUDCE 9 (2007), 4, p. 39 – 40; Maxima [Pomp D 50, 17, 41 pr.-1], SOUDCE 9 (2007), 5, p. 39 – 40; Maxima [Gai D 50, 17, 42], SOUDCE 9 (2007), 6, p. 39 – 40; Maxima [Ulp D 50, 17, 43 pr.-1], SOUDCE 9 (2007), 7 – 8, p. 79 – 80; Maxima [Ulp D 50, 17, 44], SOUDCE 9 (2007), 9, p. 39 – 40; Maxima [Ulp D 50, 17, 45 pr.-1], SOUDCE 9 (2007), 10, p. 39 – 40; Maxima [Gai D 50, 17, 46], SOUDCE 9 (2007), 11, p. 39 – 40; Maxima [Ulp D 50, 17, 47 pr.-1], SOUDCE 10 (2008), 1, p. 39 – 40; Maxima [Paul D 50, 17, 48], SOUDCE 10 (2008), 2, p. 39 – 40; Maxima [Ulp D 50, 17, 49], SOUDCE 10 (2008), 3, p. 39 – 40; Maxima [Paul D 50, 17, 50], SOUDCE 10 (2008), 4, p. 37 – 38; Maxima [Gai D 50, 17, 51], SOUDCE 10 (2008), 7 – 8, p. 79; Maxima [Ulp D 50, 17, 52], SOUDCE 10 (2008), 9, p. 39 – 40; Maxima [Paul D 50, 17, 53], SOUDCE 10 (2008), 10, p. 39 – 40; Maxima [Ulp D 50, 17, 54], SOUDCE 10 (2008), 11, p. 39 – 40.

VII. Generalia

430 – 452

430. BLAHO, P./HARAMIA, I./ŽIDLICKÁ, M.:
Základy rímskeho práva,
Bratislava (1997), p. 61 – 66.

431. CALASSO, F.:
Medio Evo del diritto,
Milano (1954), p. 526 – 527, 599.

432. COING, H.:
Handbuch der Quellen und Literatur der neueren europäischen Privatrechtsgechichte, Bd. 1: Mittelalter (1100 – 1500). Die gelehrten Rechte und die Gesetzgebung,
München (1973), XXIV+911 p.

433. CONRAT (Cohn), M.:
Geschichte der Quellen und Literatur des Römischen Rechts im früheren Mittelalter,
Leipzig (1891), p. 65 – 91.

434. COSTA, E.:
Storia delle fonti del diritto Romano,
Bologna (1909), XII+239 p.

435. JOHNSTON, D.:
Roman Law in Context,
5. ed., Cambridge (2007), p. 14 – 22.

436. JOLOWICZ, H. F.:
Historical Introduction to the Study of Roman Law,
Cambridge (1939), p. 490 – 502.

437. KARLOWA, O.:
Römische Rechtsgeschichte, Tom. I,
Leipzig (1885), p. 1002 – 1022.

438. KIPP, Th.:
Geschichte der Quellen des römischen Rechts,
4. ed., Leipzig-Erlangen (1919), p. 154; 157 – 165; 168 – 174.

439. KRÜGER, P.:
Geschichte der Quellen und Litteratur des Römischen Rechts,
2. ed., München-Leipzig (1912), p. 365 – 385; 405 – 409; 428 – 439.

440. KÜBLER, B.:
Geschichte des römischen Rechts,
Leipzig-Erlangen (1925), p. 401 – 411.

441. LANGE, H.:
Römisches Recht im Mittelalter, Tom. 1: Die Glossatoren,
München (1997), XXXI+485 p.
rec. H. H. JAKOBS, Die große Zeit der Glossatoren, ZSS 116 (1999), p. 222 – 258.

442. LANGE, H./KRIECHENBAUM, M.:
Römisches Recht im Mittelalter, Tom. 2: Die Kommentatoren,
München (2007), XL+1017 p.

443. MAZAL, O.:
Justinian I und seine Zeit,
Köln-Weimar-Wien (2001), p. 271 – 276.

444. RAINER, J. M.:
Das Römische Recht in Europa. Von Justinian zum BGB,
Wien (2012), p. 13 – 26; 258 – 260; 322 – 326.

445. SAVIGNY, F. C. von:
Geschichte des römischen Rechts im Mittelalter, Tom. IV,
Heidelberg (1826), XX+487 p.

446. SAVIGNY, F. C. von:
Geschichte des römischen Rechts im Mittelalter, Tom. V,
Heidelberg (1829), X+574 p.

447. SAVIGNY, F. C. von:
Geschichte des römischen Rechts im Mittelalter, Tom. VI,
Heidelberg (1831), XIV+760 p.

448. SOMMER, O.:
Prameny soukromého práva římského,
2. ed., Praha (1932), p. 127 – 133; 143 – 149.

449. WALDSTEIN, W./RAINER, J. M.:
Römische Rechtsgeschichte,
10. ed., München (2005), p. 242 - 249.
11. ed., München (2014), p. 271 - 281.

450. WENGER, L.:
Die Quellen des römischen Rechts,
Wien (1953), p. 96 - 97; 574 - 600.

451. WIEACKER, F./WOLF, J. G.:
Römische Rechtsgeschichte, 2. Absch.: Die Jurisprudenz vom frühen Prinzipat bis zum Ausgang der Antike im Weströmischen Reich und die Oströmische Rechtswissenschaft bis zur Justinianischen Gesetzgebung. Ein Fragment, mit einer Bibliographie von U. Manthe,
München (2006), p. 294 - 314, 443 - 444.

452. Le Pandette di Giustiniano. Storia e fortuna di un codice illustre,
Firenze (1986), 216 p.

VIII. Ius Pandectarum

453 – 528

453. ARNDTS, L. von:
Lehrbuch der Pandekten,
München (1852).
reed. Frankfurt a. M. (2010), XIV+926 p.

454. AVENARIUS, M.:
s.v. Dernburg, Heinrich (1829 - 1907),
[in:] Kleinheyer/Schröder: DEJ, Heidelberg (2008), p. 493.

455. BARON, J.:
Pandekten,
Leipzig (1872),
reed. Frankfurt a. M. (2010), XXV+949 p.
5. ed., Leipzig (1885), XX+765 p.
9. ed. Leipzig (1896), XX+823 p.

456. BEKKER, E. I.:
System des heutigen Pandektenrechts, Tom. I - II,
Weimar (1886 - 1889),
reed. Aalen (1979), XV+359; XVII+378 p.
reed. Frankfurt a. M. (2010), XV+539 p.; XVII+378 p.

457. BÖCKING, E.:
Pandekten. Ein Lehrbuch des gemeinen auf das römische Recht gegründeten Civilrechts im Grundrisse,
4. ed., Bonn (1852).

458. BÖCKING, E.:
Pandekten des Römischen Privatrechts aus dem Standpunkte unserer heutigen Rechtssystems oder Instituionen des gemeinen deutschen Civilrechts. Nebst Einleitung in das Studium des römischen Rechts,
1. - 2. ed., Bonn (1853 - 1855),
reed. Frankfurt a. M. (2010), XVIII+528, 04 p.; 304 p

459. BRINZ, A.:
Lehrbuch der Pandekten, Tom. I - II,
Prag (1857),
2. ed. besorgt von Ph. Lotmar, Erlangen-Leipzig (1873 - 1892),
reed. Frankfurt a. M. (2010), VII+826 p.; III+882 p.

460. BUCHER, K.:
System der Pandekten oder Versuch einer wissenschaftlichen Darstellung des Justinianeischen Privatrechts, Marburg (1808),
3. ed., Erlangen (1882),
reed. Frankfurt a. M. (2006), XVI+600 p.

461. BURCHARDI, G. Chr.:
Lehrbuch des römischen Rechts,
Stuttgart (1841),
1. - 2. ed., Stuttgart (1841 - 1854),
reed. Frankfurt a. M. (2011), 628 p.

462. CODERCH, P. S./SÁNCHEZ-OSTIZ, B. C.:
Anton Friedrich Justus Thibaut (1772 - 1840),
[in:] R. Domingo (ed.): Juristas universales. Juristas modernos, Tom. II,
Madrid (2004), p. 879 - 883.

463. DERNBURG, H.:
Pandekten, Tom. I - II - III,
Berlin (1884, 1886, 1887),
reed. Frankfurt a. M. (2010), XXII+719 p.; IX+385 p.; X+367 p.

464. DERNBURG, H./BIERMANN, J.:
Pandekten. 1. Bd.: Allgemeiner Teil und Sachenrecht,
7. ed., Berlin (1902), XXII+728 p., reg.

465. DERNBURG, H./BIERMANN, J.:
Pandekten. 2. Bd.: Obligationenrecht,
7. ed., Berlin (1903), XI+410 p., reg.

466. DERNBURG, H./BIERMANN, J.:
Pandekten. 3. Bd.: Familien- und Erbrecht,
7. ed., Berlin (1903), XV+368 p., reg.

467. DERNBURG, H./SOKOLOWSKI, P.:
System des Römischen Rechts. Der Pandekten, 8. umgearbeitete Aufl. bearbeitet von Paul Sokolowski, Tom. I - II,
Berlin (1911, 1912),
reed. Frankfurt a. M. (2010), XV+534, 18 p.; 535 - 1110 p.

468. EGERSDORFER, A.:
Predavanja o pandektama,
Zagreb (1915 - 1917).

469. EMMINGHAUS, G.:
Pandekten des gemeinen Sächsischen Rechts,
Jena (1851), VIII+880 p.
reed. Franfurt a. M. (2014).

470. ESMARCH, K.:
Grundsätze des Pandekten-Rechtes zum akademischen Gebrauche,
Wien (1860),
reed. Frankfurt a. M. (2010), XXXI+310 p.

471. FALK, U.:
s.v. Puchta, Georg Friedrich (1798 - 1846),
[in:] Stolleis: Juristen, München (2001), p. 517 - 518.

472. FALK, U.:
s.v. Windscheid, Bornhard (1817 - 1892),
[in:] Stolleis: Juristen, München (2001), p. 672 - 673.

473. FERRINI, C.:
Pandette,
Milano (1900),
2. ed., Milano (1904),
3. ed., Milano (1908).

474. FERRINI, C.:
Manuale di Pandette,
3. ed., Milano (1917), 977 p.

475. FERRINI, C./GROSSO, G.:
Manuale di Pandette,
4. ed., Milano (1953), XI+760 p.

476. GLÜCK, Chr. F. von.
Ausführliche Erläuterung der Pandecten nach Hellfeld. Ein Commentar für meine Zuhörer, 4. Teil, 1. Abt.,
Erlangen (1796), 570 p.

477. GLÜCK, Chr. F. von:
Ausführliche Erläuterung der Pandecten nach Hellfeld. Ein Commentar für meine Zuhörer, 2. Teil, 2. ed.,
Erlangen (1800), 600 p.

478. GLÜCK, Chr. F. von:
Ausführliche Erläuternung der Pandecten nach Hellfeld. Ein Commentar für meine Zuhörer, 17. Teil, 1. Abt.,
Erlangen (1804), 572 p.

479. GLÜCK, Chr. F. von:
Ausführliche Erläuterung der Pandecten nach Hellfeld. Ein Commentar für meine Zuhörer, 15. Teil, 1. Abt.,
Erlangen (1913), 476 p.

480. GLÜCK, Chr. F. von:
Commentario alle Pandette, traduzione con note e appendici: diretta da F. Serafini, poi da C. Fadda e P. Cogliolo, Tom. I (C. Ferrini); Tom. II (C. Ferrini, E. Serafini); Tom. III (C. Ferrini); Tom. IV (L. Landucci); Tom. V (B. Bruggi); Tom. VI (A. Ascoli, P. Bonfante, G. Segrè); Tom. VII (F. Serafini); Tom. VIII (B. Brugi); Tom. IX (Pranzataro); Tom. X (A. Longo, S. Perozzi); Tom. XI (Casteliari); Tom. XII (C. Bertolini, S. Di Marzo); Tom. XIII (G. Pacchioni, Leoni, C. Fadda, Busatti, A. Ascoli, Cugusi); Tom. XIV - XV (P. Bonfante); Tom. XVI (Busatti, T. Trincheri, C. Longo, Preda); Tom. XVII (G. Pacchioni, C. Cugia); Tom. XVIII - XIX (Grego); Tom. XX (A. Ascoli); Tom. XXI (S. Perozzi, P. Bonfante); Tom. XXII (S. Perozzi, Mancaleoni, Gianturco, L. L. Ferrara); Tom. XXIII (D'Ancona); Tom. XXIV (D'Ancona, P. Bonfante); Tom. XXV (Giannantoni, G. Baviera); Tom. XXVI (G. Baviera); Tom. XXVII (G. Baviera, C. Longo); Tom. XXVIII (continuazione di Mühlenbruch, trad. e note di A. Ascoli); Tom. XXIX (P. Bonfante); Tom. XXX - XXXII (incompleti), (continuazione di K. L. Arndts, trad. e note di C. Ferrini); Tom. XXXVII - XXXVIII (continuazione di B. W. Leist, trad. e note di C. Ferrini, B. Brugi, S. Cugia); Tom. XXXIX (continuazione di H. Burchardt von, trad. e note di P. Bonfante); Tom. XLI (incompleto), (continuazione di K. Czyhlarz von, trad. e note di S. Perozzi); Tom. XLIII - XLVIV (incompleto), (continuazione di A. Ubbelohde, trad. e note di Pouchain),
Milano (1888 - 1909).

481. GSCHWEND, L.:
s.v. Keller, Friedrich Ludwig von (1799 - 1860),
[in:] Stolleis: Juristen, München (2001), p. 354.

482. HELLFELD, J. A.:
Iurisprudentia forensis secundum Pandectarum ordinem in usum auditorii proposita,
Jena (1764).
2. ed. Jena (1766), 672 p.
reed. Frankfurt a. M. (2010), 1004, 106 p.

483. HEYROVSKÝ, L.:
Pandekty, Tom. I: Nauky všeobecné,
Praha (1900), 120 p.

484. HÖLDER, E.:
Pandekten,
Freiburg i. B. (1891).

485. HUGO, G.:
Lehrbuch der Digesten,
Berlin (1821) XXIV+135 p.,
2. ed. Berlin (1828), XXXII+176 p.,
reed. Goldbach (1997), XXIV+135 p.

486. KELLER, F. L. von/FRIEDBERG, E.:
Pandekten. Vorlesungen. Aus dem Nachlasses des Verfasser hrsg. von E. Friedberg,
Leipzig (1861),
reed. Frankfurt a. M. (2010), XLVIII+1127 p.

487. KELLER, F. L. von/LEWIS, W.:
Pandekten. Vorlesungen aus dem Nachlasse des Verfasser. 2. Aufl. besorgt von W. Lewis, Tom. I - II,
Leipzig (1866, 1867).
reed. Frankfurt a. M. (1982).
reed. Goldbach (1999), XXVIII+622 p.; X+610 p.

488. KIEFNER, H.:
A. F. J. Thibaut,
ZSS 77 (1960), p. 304 - 344.

489. KLEMANN, B.:
Bernhard Windscheid und die Pandektistik,
Staat und Recht (1990), p. 827 - 832.

490. KRITZ, P. L.:
Das Pandectenrecht aus den Rechtsbüchern Justinians nach den Erfordernissen einer zweckmässigen Gesetzgebung dargestellt und mit vergleichenden Hinweisungen auf das Französische, Österreichische und Preussische Recht, Tom. I - II - III,
Meissen (1835, 1837, 1841).
reed. Frankfurt a. M. (2010), XVI+496 p.; 481 p.; 467 p.
rec. F. A. von LANGENN, Kritische Jahrbücher für deutsche Rechtswissenschaft 4 (1840), 7, p. 410–430.

491. LUIG, K.:
Heinrich Dernburg. Ein "Fürst" der Spätpandektistik und des preussischen Privatrechts,
[in:] H. Heinrichs e.a. (eds.): Deutsche Juristen jüdischer Herkunft, (1993), p. 231 - 247.

492. LUIG, K.:
s.v. Dernburg, Heinrich (1829 - 1907),
[in:] Stolleis: Juristen, München (2001), p. 175 - 176.

493. MALBLANC, I. F.:
Principia Iuris Romani secundum ordinem Digestorum,
Tübingen (1801, 1802), Tom. I - II,
reed. Frankfurt a. M. (2010), VIII+575 p.; 1143 p.

494. MÜHLENBRUCH, Chr. F.:
Doctrina pandectarum, Tom. I - II - III,
Halle (1823 - 1825), XVI+452 p., VIII+360 p., XVI+520 p.

495. MÜHLENBRUCH, Chr. F.:
Lehrbuch des Pandektenrechts. Nach der Doctrina Pandectarum deutsch bearbeitet
3. ed., Halle (1839, 1840).
reed. Frankfurt a. M. (2010), XXIV+408 p.; XIV+559 p.; XIV+527 p.
4. ed., Halle (1844).

496. PÓLAY, E.:
Ursprung, Entwicklung und Untergang der Pandektistik,
Acta Univ. Szeged. de Attila József Nominatae, Acta Jur. et Politica,
Szeged 28 (1981), Fasc. 10, 98 p.

497. PUCHTA, G. F.:
Lehrbuch der Pandekten,
Leipzig (1838), X+629 p.
reed. Frankfurt a. M. (2008), VI, X+629 p., XXV. p.
2. ed. Leipzig (1844), XVI+750 p.,
reed. Frankfurt a. M. (2009), XVI+750 p.

498. PUCHTA, G. F./SCHIRMER, Th.:
Pandekten. Zwölfte, auf Grund der früheren A. F. Rudorff'schen Bearbeitung sorgfältig revidirte und vermehrte Auflage von Th. Schirmer,
12. ed., Leipzig (1877), XXIV+811 p.
reed. Franfurt a. M. (2014).

499. REGELSBERGER, F.:
Pandekten. 1 (einziger) Band: Allgemeiner Teil,
Leipzig (1893), XVIII+717 p.
reed. Frankfurt a. M. (2010), XVIII+717 p.

500. RÜCKERT, J.:
s.v. Thibaut, Anton Friedrich Justus (1772 - 1840),
[in:] Stolleis: Juristen, München (2001), p. 624 - 626.

501. s.a.
s.v. Vangerow, Karl Adolf v. (1808 - 1870),
[in:] Kleinheyer/Schröder: DEJ, Heidelberg (2008), p. 539.

502. SCHILLING, B.:
Pandekten-Recht für Studirende,
Berlin (1844).
reed. Frankfurt a. M. (2010), 801 p.

503. SCHLOSSER, H.(HS).
s.v. Pandektistik,
[in:] Olechowski/Gamauf: RRR,
Wien (2006), p. 345 - 346.

504. SCHRÖDER, J.:
s.v. Georg Friedrich Puchta (1798 - 1846),
[in:] Kleinheyer/Schröder: DEJ, Heidelberg (2008), p. 341 - 344.

505. SCHRÖDER, J.:
s.v. Anton Friedrich Justus Thibaut (1772 - 1840),
[in:] Kleinheyer/Schröder: DEJ, Heidelberg (2008), p. 436 - 439.

506. SCHRÖDER, J.:
s.v. Bernhard Windscheid (1817 - 1892),
[in:] Kleinheyer/Schröder: DEJ, Heidelberg (2008), p. 459 - 463.

507. SEUFFERT, J. A.:
Praktisches Pandektenrecht, Tom. I - II - III,
Würzburg (1825), XVIII+302 p., XII+372 p., XIV+366 p.
4. ed. nach dem Tode des Verfassers besorgt von E. A. Seufert,
Würzburg (1860 - 1872).
reed. Frankfurt a. M. (2010), XVI+308 p.; XIII+461 p.; XVI+512 p.

508. SIXTO, M.:
s.v. Brinz, Alois v. (1820 - 1887),
[in:] Kleinheyer/Schröder: DEJ, Heidelberg (2008), p. 488.

509. SÜSS, W.:
Heinrich Dernburg, ein Spätpandektist im Kaiserreich. Leben und Werk,
Ebelsbach (1991), XVII+288 p.
rec. K. LUIG, Historische Zeitschrift 257, 1, Frankfurt am Main (1993), p. 220 - 222.

510. THIBAUT, A. F. J.:
System des Pandekten-Rechts, Tom. I - II,
Jena (1803).
3. ed., Jena (1809).
reed. Frankfurt a. M. (2009), 554 p.; 396 p.

511. THIBAUT, A. F. J.:
System des Pandekten-Rechts, Tom. I - II,
Jena (1828).
reed. Frankfurt a. M. (2010), 500 p.; XVI+463 p.

512. THIBAUT, A. F. J./FÜRSTENTHAL, J. A. L.:
Corpus Juris Civilis, Canonici et Germanici reconcinatum, oder Chresomathie aller in dem Pandekten-System des Thibaut allegirten classischen Beweisstellen. Zusammengestellt von J. A. L. Fürstenthal, Tom. I - II,
Berlin (1828, 1829).
reed. Frankfurt a. M. (2010), III+794 p.; 632 p.

513. UBBELOHDE, A.:
Die Interdicte : (Pandecten, lib. XLIII et XLIV). Ausführliche Erläuterungen der Pandecten, begr. von Chr. F. von Glück, Bücher 43. und 44., 5. Theil,
Erlangen (1896), XXIV+528 p.

514. VAN WETTER, P.:
Pandectes contenant l'histoire du droit romain et la législation de Justinien, Tom. I - II - III - IV - V,
Paris (1910 - 1911).

515. VANČURA, J.:
Pandekty,
Praha (1914, 1922).

516. VANGEROW, K. A. von:
Leitfaden für Pandekten-Vorlesungen, Tom. I - II - III,
Marburg-Leipzig (1839 - 1847).
reed. Frankfurt a. M. (2010), XXI+825 p.; XIV+606 p.; XIII+654 p.

517. VANGEROW, K. A. von:
Lehrbuch der Pandekten, Tom. I - II - III,
6. ed. Marburg (1851 - 1856), XVI+1028 p.; XII+685 p.; XV+776 p.
reed. Frankfurt a. M. (2014).

518. VANGEROW, K. A. von:
Lehrbuch der Pandekten, Tom. I - II - III,
Marburg-Leipzig (1863 - 1867).
reed. Frankfurt a. M. (2010), XXVIII+900 p.; XII+685 p.; XIII+654 p.

519. WÄCHTER, K. G. von:
Pandekten, Tom. I - II,
Leipzig (1880).
reed. Frankfurt a. M. (2010), XVIII+594 p.; X+886 p.

520. WEBER, A. D.:
Erläuterung der Pandekten nach Hellfeld, Tom. I - II,
Leipzig (1820).
reed. Frankfurt a. M. (2010), VI+546 p; 494 p.

521. WENDT, O.:
Lehrbuch der Pandekten,
Jena (1888).
reed. Frankfurt a. M. (2010), XX+992 p.

522. WINDSCHEID, B.:
Lehrbuch des Pandektenrechts, Tom. I - II - III. Wort-, Sach- und Spruch-Register zu Windscheids Lehrbuch des Pandektenrechts, bearbeitet von einem höheren Justizbeamten,
Düsseldorf (1862 - 1870).
reed. Frankfurt a. M. (2009), XV+663 p.; VI+322 p.; XII+532 p.

523. WINDSCHEID, B.:
Lehrbuch des Pandektenrechts, Tom. I - II - III,
5. ed., Stuttgart (1879), XVII+816 p.; XII+944 p.; X+464 p.
reed. Frankfurt a. M. (2014).

524. WINDSCHEID, B./KIPP, Th.:
Lehrbuch des Pandektenrechts, Tom. I - II - III,
9. ed., Frankfurt a. M. (1900 - 1901),
reed. Aalen (1960).
transl. FADDA, C./BENSA, E., Diritto delle Pandette, Tom. I - II, Napoli (1902 - 1904); BONFANTE, P., Tom. I - II - III - IV - V, Torino (1925 - 1930).

525. WINDSCHEID, B./KIPP, Th.:
Lehrbuch des Pandektenrechts, Tom. I - II - III,
9. ed. unter vergleichender Darstellung des deutschen bürgerlichen Rechts bearbeitet von Theodor Kipp,
Frankfurt a. M. (1906),
reed. Frankfurt a. M. (2010), XX+1256 p.; VIII+1140 p.; XI+911 p.; VI+244 p.

526. ZOLL, F.:
Pandekta. Tom. I: Część ogólna, Tom. II: Prawo rzeczowe, Tom. III: Zobowiązania,
Kraków (1910 - 1914 - 1919).

527. ZOLL, F.:
Pandekta czyli nauka rzymskiego prawa prywatnego, Tom. II: Prawo rzeczowe,
2. ed., (1913), 313 p.

528. ZOLL, F./LISOWSKI, Z.:
Rzymskie prawo prywatne (Pandekta),
Tom. I: Historia prawodawstwa rzymskiego, 4. ed., 143 p., Tom. II: Część ogólna, 4. ed., 127 p., Tom. III: Prawo rzeczowe, 4. ed., 99 p., Tom. IV: Zobowiązania, 2. ed., 105 p., Tom. V: Prawo familijne i spadkowe, 1. ed., 164 p.,
Warszawa-Kraków (1920).

IX. Interpolationes

529 – 626

529. ALBERTARIO, E.:
I Tribonianismi avvertiti dal Cuiacio,
ZSS 31 (1910), p. 158 - 175.

530. ALBERTARIO, E.:
Nota su alcuni tribonianismi rilevati nelle “Praelectiones iuris civilis” di Ulrico Huber,
Filangieri 34, 5 - 6, Milano (1910), 6 p.

531. ALBERTARIO, E.:
Contributi alla critica del Digesto: 1° Note ai testi aventi la costruzione “sin autem”; 2° Parole proprie dei compilatori,
Pavia (1911), 53 p.

532. ALBERTARIO, E.:
Contributi alla storia della ricerca delle interpolazioni, 1° La ricerca delle interpolazioni presso un discepolo di Antonio Fabro, 2° Due antichi trattatelli sulle interpolazioni,
Studi nelle scienze economiche e sociali pubblic. dall’Istituto Giuridico della R. Università di Pavia,
Pavia (1913), 104 p.

533. ALBERTARIO, E.:
A proposito di “Interpolationenjagd”, (Riposta ad una critica di Otto Lenel),
Pubbl. univ. catt. d. S. Cuore, ser. II, Tom. 7, fasc. 1,
Milano (1925), 19 p.

534. ALBERTARIO, E.:
La crisi del metodo interpolazionistico,
[in:] St P. Bonfante, Tom. I,
Milano (1930), p. 611 - 672.

535. ALBERTARIO, E.:
Glossemi e interpolazioni pregiustinianee,
Atti del Congr., Tom. I,
Pavia (1934), p. 385 - 411.

536. ALBERTARIO, E.:
Introduzione storica allo studio del diritto romano giustinianeo, Pars I (unica),
Milano (1935), p. 11 - 38.

537. AMBROSINO, R.:
In tema di interpolazioni.
(Reale Istituto Lombardo di scienze e lettere), Rendiconti Lettere, Milano 78 (1939 - 1940), Fasc. 1, p. 1 - 12 (estratto).

538. APPLETON, H.:
Des interpolations dans les Pandectes, et des méthodes propres à les découvrir,
Lyon (1894), 305 p.,
reed. Roma (1967).

539. APPLETON, Ch.:
Les risques dans la vente et les fausses interpolations,
RHD, 4e série, (1926), p. 375 - 417.

540. APPLETON, Ch.:
Les risques dans la vente et les fausses interpolations,
RHD (1927), p. 195 - 253.

541. BEHRENDS, O.:
Das Werk Otto Lenels und die Kontinuität der romanistischen Fragestellungen. Zugleich ein Beitrag zur grundsätzlichen Überwindung der interpolationischen Methode,
Index 19 (1991), p. 169 - 213.

542. BEHRENDS, O.:
La nuova traduzione tedesca dei Digesta e la critica interpolazionistica,
INDEX 25 (1997), p. 13 - 69.

543. BEKKER, E. I./MITTEIS, L.:
Anruf betreffend die Herstellung eines Verzeichnisses der Interpolationennachweise in den Digesten, Institutionen und Codex Iustinianeus,
ZSS 30 (1909), p. V - XIX.

544. BERGER, A.:
L'indirizzo odierno degli studi di diritto romano, prolusione al Corso libero di Diritto romano nella R. Università di Roma letta il 21 novembre 1914,
Rivista critica di scienza sociali 2, (1915).
Firenze (1915), 40 p.

545. BERGER, A.:
Ci sono nei Digesti citazioni interpolate della legge delle Dodici Tavole?
[in:] St S. Riccobono, Tom. I,
Palermo (1936), p. 585 - 640.

546. BESELER, G. von:
Beiträge zur Kritik der römischen Rechtsquellen, Tom. I,
Tübingen (1910), 122 p., reg.

547. BESELER, G. von:
Beiträge zur Kritik der römischen Rechtsquellen, Tom. II,
Tübingen (1911), 181 p., reg.

548. BESELER, G. von:
Beiträge zur Kritik der römischen Rechtsquellen, Tom. III,
Tübingen (1913), 212 p., reg.

549. BESELER, G. von:
Beiträge zur Kritik der römischen Rechtsquellen, Tom. IV,
Tübingen (1920), VIII+353 p., reg.
rec. L. MITTEIS, ZSS 41 (1920), p. 319 - 320.

550. BESELER, G. von:
Beiträge zur Kritik der römischen Rechtsquellen, Tom. V,
Leipzig (1931), 90 p.

551. BESELER, G. von:
Miscellanea critica,
ZSS 43 (1922), p. 415 - 438.

552. BESELER, G. von:
Digestenkritik,
BIDR 53/54 (1948), p. 349 - 352.

553. BOHÁČEK, M.:
Justinián o interpolacích,
Všehrd. List spolku českých právníků, Praha 5 (1924), p. 59 - 62.

554. BONFANTE, P.:
Il metodo filologico negli studi di diritto romano,
Scr Salandra, Milano (1928), p. 121 - 136.

555. BORTOLUCCI, G.:
Studi critici e giuridici sul Digesto,
BIDR 20 (1908), p. 23 - 47.

556. BUCKLAND, W. W.:
Interpolations in the Digest,
Yale Law Journal 33 (1924), p. 343 - 364.

557. BUCKLAND, W. W.:
Interpolations in the Digest: a criticism of criticism,
Harvard Law Review 54 (1941), p. 1273 - 1310.

558. CHIAZZESE, L.:
Confronti testuali. Contributo alla dottrina delle interpolazioni giustinianee. Parte generale,
Ann. Sem. Giur. Univ. Palermo, Palermo 16 (1933), p. 1 - 554.

559. COGLIOLO, P.:
La storia del diritto romano e le interpolazioni nelle Pandette,
AG 41 (1888), p. 188 - 200.

560. COLLINET, P.:
Le Fr. 5, Dig. 19, 5, De Praescr. Verbis et in F. Act.: Application de la Méthode critique de Décomposition des Textes,
[in:] M. Kaser/H. Kreller/W. Kunkel (eds.): Fs P. Koschaker, Tom. I,
Weimar (1939), p. 70 - 83.

561. DAUBE, D.:
Interpolations in the Centos and Justinian,
[in:] Flores legum. Fs H. J. Scheltema,
Groningen (1971), p. 45 - 48.

562. DE MARINI AVONZO, F.:
Critica testuale e studio storico del diritto,
2. ed., Torino (1973).

563. EBRARD, F.:
Die Grundsätze der modernen Interpolationenforschung,
Zeitschrift für vergleichende Rechtswissenschaft,
Stuttgart 36 (1920), p. 1 - 27.

564. EISELE, Fr.:
Zur Diagnostik der Interpolationen in den Digesten und im Codex,
ZSS 7 (1886), 1. Heft, p. 15 - 31.

565. EISELE, Fr.:
Beiträge zur Erkenntniss der Digesteninterpolationen. Erster Beitrag,
ZSS 10 (1889), p. 296 - 322.

566. EISELE, Fr.:
Beiträge zur Erkenntniss der Digesteninterpolationen. Zweiter Beitrag,
ZSS 11 (1890), p. 1 - 30.

567. EISELE, Fr.:
Beiträge zur Erkenntniss der Digesteninterpolationen. Dritter Beitrag,
ZSS 13 (1892), p. 118 - 156.

568. EISELE, Fr.:
Beiträge zur Erkenntniss der Digesteninterpolationen. Vierter Beitrag,
ZSS 18 (1897), p. 1 - 43.

569. EISELE, Fr.:
Weitere Studien zum Texte der Digesten,
ZSS 30 (1909), p. 99 - 154.

570. EISELE, Fr.:
Exegetica,
ZSS 35 (1914), p. 1 - 38.

571. GRADENWITZ, O.:
Selbstinterpolationen,
[in:] Atti del Congr., Tom. I, Roma (1935), p. 497 - 509.

572. GRADENWITZ, O.:
Interpolationen in den Pandekten. Kritische Studien,
ZSS 7 (1886), 1. Heft, p. 45 - 84.

573. GRADENWITZ, O.:
Interpolationen in den Pandekten,
Berlin (1887), IX+246 p., reg.
rec. O. LENEL, ZSS 9 (1888), p. 177 - 183.
V. SCIALOJA, BIDR 1 (1888), p. 148 - 152.

574. GRUPE, E.:
Die Gaianischen Institutionenfragmente in Justinians Digesten,
ZSS 16 (1895), p. 300 - 319.

575. GRUPE, E.:
Zur Sprache der Gaianischen Digestenfragmente. Erster Theil.
ZSS 17 (1896), p. 311 - 323.

576. GRUPE, E.:
Zur Sprache der Gaianischen Digestenfragmente. Zweiter Theil.
ZSS 18 (1897), p. 213 - 223.

577. GUARINO, A.:
Guida allo studio delle fonti giuridiche romane,
Napoli (1952), 168 p.
2. ed., Napoli (1954), 150 p.

578. GUARINO, A.:
La méthode de compilation des "Digesta Justiniani",
RIDA 4 (1957), p. 269 - 288.

579. GUARNERI CITATI, A.:
Indice delle parole, frasi e costrutti ritenuti indizio di interpolazione,
BIDR 33 (1923), p. 79 - 144.

580. GUARNERI CITATI, A.:
Indice delle parole, frasi e costrutti ritenuti indizio di interpolazione nei testi giuridici romani,
2. ed., Milano (1927), 92 p.

581. GUARNERI CITATI, A.:
Indice delle parole, frasi e costrutti ritenuti indizio di interpolazione nei testi giuridici romani. Supplementum I,
[in:] Studi in onore di S. Riccobono, Tom. I, Palermo (1936), p. 699 – 743.

582. GUARNERI CITATI, A.:
Supplemento, Tom. II. All'Indice delle parole, frasi e costrutti ritenuti indizio di interpolazione nei testi giuridici romani,
[in:] M. Kaser/H. Kreller/W. Kunkel (eds.): Fs P. Koschaker, Tom. I, Weimar (1939), p. 117 – 156.

583. HEYROVSKÝ, L.:
Interpolace v Pandektách a v Kodexu,
Athenaeum, Praha 9 (1892), p. 6 – 8.

584. HUSCHKE, E.:
Zur Pandektenkritik. Ein Versuch sie auf festere wissenschaftliche Grundsätze zurückzuführen,
Leipzig (1875), 105 p.

585. HUSCHKE, E.:
Weitere Beiträge zur Pandektenkritik,
ZSS 9 (1888), p. 331 – 365.

586. KALB, W.:
Das Juristenlatein. Versuch einer Charakteristik auf Grundlage der Digesten,
2. ed., Nürnberg (1888),
reed. Aalen (1984), p. 1 – 90.

587. KALB, W.:
Die Jagd nach Interpolationen in den Digesten. Sprachliche Beiträge zur Digestenkritik,
Nürnberg (1897),
reed. Aalen (1984), p. 1 – 32.

588. KALB, W.:
Specialgrammatik zur selbständigen Erlernung der römischen Sprache für lateinlose Jünger des Rechts. Mit Uebersetzungsbeispielen aus dem Gebiete des römischen Rechts,
Leipzig (1910), XII+310 p.

589. KALINKA, E.:
Digestenkritik und Philologie. Philologische Anmerkungen zu Beselers Methode,
ZSS 47 (1927), p. 319 - 354.

590. KASER, M.:
Zum heutigen Stand der Interpolationenforschung,
ZSS 69 (1952), p. 60 - 101.

591. KASER, M.:
Zur Glaubwürdigkeit der römischen Rechtsquellen. Über die Grenzen der Interpolationenkritik,
La critica del testo. Atti del secondo congresso internazionale della Società italiana di storia del diritto, Tom. I, Firenze (1971), p. 291 - 370.

592. KASER, M.:
Zur Methodologie der römischen Rechtsquellenforschung,
Österreichische Akademie d. Wiss., Philosophisch-hist. Kl., Sitzungsb., Bd. 277, Abh. 5, Wien-Graz-Köln (1972), 117 p.

593. KASER, M.:
Zur Problematik der römischen Rechtsquellenlehre,
Fs W. Flume, Tom. I, Köln (1978), s. 101 - 123.

594. KASER, M.:
Ein Jahrhundert Interpolationenforschung an den römischen Rechtsquellen,
Anzeiger der Österreichischen Akademie der Wissenschaften in Wien, phil.-hist. Kl., Wien 116 (1979), p. 83 - 113 [= M. K.: Römische Rechtsquellen und angewandte Juristenmethode, Wien-Köln (1986), p. 112 - 154].

595. KRETSCHMAR, P.:
Kritik der Interpolationenkritik,
ZSS 59 (1939), p. 102 - 218, 376 (Berichtigungen).

596. KRÜGER, P.:
Über die Einwirkung der "Notae iuris" auf fehlerhafte Überlieferung der Juristenschriften,
Mélanges Girard, Tom. II, p. 35 - 42.

597. KÜBLER, B.:
Emendationen des Pandektentextes,
ZSS 11 (1890), p. 45 - 52.

598. LENEL, O.:
Interpolationenjagd,
ZSS 45 (1925), p. 17 - 38.

599. LENEL, O.:
Kritisches und Antikritisches,
ZSS 49 (1929), p. 1 - 23.

600. [LEVY, E./RABEL, E.:]
Index interpolationum quae in Iustiniani Digestis inesse dicuntur.
Editionem a L. Mitteis inchoatam ab aliis doctis perfectam.
Curaverunt E. LEVY/E. RABEL, Tomus I ad libros Digestorum
I - XX pertinens,
Weimar (1929), XXIII+402 col.

601. [LEVY, E./RABEL, E.:]
Index interpolationum quae in Iustiniani Digestis inesse dicuntur.
Editionem a L. Mitteis inchoatam ab aliis doctis perfectam.
Curaverunt E. LEVY/E. RABEL, Tomus II ad libros Digestorum
XXI - XXXV,
Weimar (1931), VII+326 col.

602. [LEVY, E./RABEL, E.:]
Index interpolationum quae in Iustiniani Digestis inesse dicuntur.
Editionem a L. Mitteis inchoatam ab aliis doctis perfectam.
Curaverunt E. LEVY/E. RABEL, Tomus III ad libros Digestorum
XXXVI - L pertinens,
Weimar (1935), XVI+600 col.

603. [LEVY, E./RABEL, E.:]
Index interpolationum quae in Iustiniani Digestis inesse dicuntur.
Editionem a L. Mitteis inchoatam ab aliis doctis perfectam.
Curaverunt E. LEVY/E. RABEL, Supplementum I ad libros
Digestorum I - XII pertinens,
Weimar (1929), 186 col.

604. LÜBTOW, U. von:
Die Bedeutung des römischen Rechts für unsere Rechtskultur. Die Interpolationenforschung. Das romanistische Rechtsstudium,
Rheinfelden-Freiburg-Berlin (1989), p. 91 - 114.

605. MANCALEONI, F.:
Contributo allo studio delle Interpolazioni,
Filangieri, Milano (1901), 22 p.

606. MIQUEL, J.:
Mechanische Fehler in der Überlieferung der Digesten,
ZSS 80 (1963), p. 233 - 286.

607. MITTEIS, L.:
Zur Interpolationenforschung,
ZSS 33 (1912), p. 180 - 211.

608. MOMMSEN, Th.:
Über die kritische Grundlage unseres Digestentextes,
Jahrbücher des gemeinen Rechts, 5 (1862), p. 407 - 448 [= Th. M.: Gesammelte Schriften II. Juristische Schriften II, 3. ed., Zürich-Hidelsheim (1994), p. 107 - 140].

609. NIEDERMEYER, H.:
Vorjustinianische Glossen und Interpolationen und Textüberlieferung,
Atti del Congr., Pavia (1934), p. 351 - 384.

610. PALAZZINI FINETTI, L.:
Storia della ricerca delle interpolazioni nel Corpus Juris Giustinianeo,
(Pubblic. del Seminario giuridico della Università di Bologna, 17),
Milano (1953), 524 p.

611. RICCOBONO, S.:
Nichilismo critico-storico nel campo del diritto romano e medievale,
Palermo (1930), 31 p.

612. RICCOBONO, S.:
Fasi e fattori dell'evoluzione del diritto romano,
[in:] Mélanges G. Cornil, Tom. II, Gand - Paris (1926), p. 238 - 381.

613. RÖHLE, R.:
Textschichten und Interpolationen in D. 23, 5, 7 pr.,
ZSS 100 (1983), p. 510 - 519.

614. SCHEIBELREITER, P. (PS):
s.v. Interpolationen,
[in:] Olechowski/Gamauf: RRR,
Wien (2006), p. 217.

615. SCHÖNBAUER, E.:
Die Ergebnisse der Textstufenforschung und ihre Methode,
Iura 12 (1961), p. 117 - 161.

616. SCHULZ, F.:
Interpolationenkritische Studien,
Fs E. Zitelmann, München-Leipzig (1913), p. 532 - 556.

617. SEIDL, E.:
Papyrologie und Interpolationenkritik an den Digesten,
Annales Universitatis Saraviensis, Phil. Lot. 8 (1959), p. 21 - 20.

618. VOLTERRA, E.:
Indice delle glosse, delle interpolazioni e delle principali ricostruzioni segnalate dalla critica nelle fonti pregiustinianee occidentali,
Rivista di storia del diritto italiano 8 (1935), p. 107 - 145, 389 - 405.

619. VOLTERRA, E.:
Indice delle glosse, delle interpolationi e delle principali ricostruzioni segnalate della critica nelle fonti pregiustinianee occidentali,
Rivista di storia del diritto italiano 9 (1936), p. 365 - 380.

620. WENGER, L.:
Der heutige Stand der römischen Rechtswissenschaft. Erreichtes und Erstrebtes,
2. ed., München (1970), p. 23 - 26.

621. WESENBECK, M.:
Paratitla in Pandectarum iuris civilis libros quinquaginta,
Basiliae (1563), 405 p.

622. WIEACKER, F.:

Zur gegenwärtigen Lage der romanistischen Textkritik,

[in:] La critica del testo. Atti del secondo congresso internazionale della Società italiana di storia del diritto, Tom. II, Firenze (1971), p. 1099 - 1122.

623. WIEACKER, F.:

Textkritik und Sachforschung. Positionen in der gegenwärtigen Romanistik,

ZSS 91 (1974), p. 1 - 40.

624. WIEACKER, F.:

Textstufen klassischer Juristen,

(Abhandlungen der Akademie der Wissenschaften in Göttingen, Phil.-hist. Kl. 45), Göttingen (1960), 471 p.

rec. Th. MAYER-MALY, ZSS 77 (1960), p. 494 - 517.
A. D'ORS, SDHI 26 (1960), p. 366 - 377.
J. GAUDEMET, TR 28 (1960), p. 211 - 224.
G. G. ARCHI, Iura 12 (1961), p. 428 - 450.
L. AMIRANTE, Labeo 7 (1961), p. 390 - 417.
V. ARANGIO-RUIZ, BIDR 64 (1961), p. 351 - 368.
J. A. C. THOMAS, The Classical Review 11 (1961), p. 140 - 141.
G. HUBRECHT, Latomus 20 (1961), p. 908 - 909;
E. SCHÖNBAUER, Iura 12 (1961), p. 117 - 161.
P. STEIN, Journal of Roman Studies 52 (1962), p. 246.
P. STEIN, Law Quarterly Review 78 (1962), p. 448 - .
J. J. BATEMAN, The Classical Journal 58, 3 (1962), p. 132 - 134.
J. H. H. A. INDEMANS, Mnemosyne 17, 1 (1964), p. 99 - 101.

625. WIEACKER, F.:

Römische Rechtsgeschichte. Quellenkunde, Rechtsbildung, Jurisprudenz und Rechtsliteratur, 1. Absch.: Einleitung, Quellenkunde, Frühzeit und Republik,

München (1988), p. 63 - 182.

626. WISSENBACH, J. J.:

Emblemata Triboniani, sive leges Pandectarum et Codicis a Triboniano interpolatae,

Groningen (1642), 208 p.

X. Digestorum exegesis

627 – 751

1. Via et ratio

627. BECKER, Ch.:
Kurzanleitung zur Quellenexgese im Römischen Recht,
Münster (2003), 28 p.

628. BLAHO, P.:
Textová exegéza,
[in:] H. Hausmaninger/P. Blaho: Praktické prípady z rímskeho práva, 2. ed.,
Bratislava (1998), p. 219 - 242.
3. ed., Bratislava-Viedeň (2008), p. 245 - 270.
4. ed., Praha (2014), p. 257 - 285.

629. DELZ, J.:
Textkritik und Editionstechnik,
[in:] F. Graf (ed.): Einleitung in die lateinische Philologie, Stuttgart-Leipzig (1997), p. 51 - 91.

630. KANTOROWICZ, H. U.:
Einführung in die Textkritik. Systematische Darstellung der textkritischen Grundsätze für Philologen und Juristen,
Leipzig (1921), 60 p., 3 tab., (= H. Coing/G. Immel (eds.): H. U. K., Rechtshistorische Schriften, Freiburger rechts- und staatswissenschaftliche Abhandlungen, 30, Karlsruhe (1970), p. 33 - 80).

631. SCHULZ, F.:
Einführung in das Studium der Digesten,
Tübingen (1916), 136 p., reg.

632. SCHWARZ, O. G.:
Examinatorium des Römischen Rechts, 1. - 4. ed.,
Berlin (1927), 32 p.

633. STURM, F.:
Anleitung zur Anfertigung von Digestenexegese. A. Grundsätzliche Bemerkungen,
JuS 2 (1962), p. 387 - 394.

634. STURM, F.:
Literaturschau: Römisches Recht - Römische Rechtsgeschichte und Römischer Zivilprozess,
JuS 9 (1969), H. 9, p. 445 - 448.

635. STURM, F.:
Literaturschau: Römisches Recht - Römisches Privatrecht und Pandekten,
JuS 10 (1970) H. 1, p. 47 - 50.

636. STURM, F.:
Die Digestenexegese,
[in:] H. Schlosser/F. Sturm/H. Weber (eds.): Die rechtsgeschichtliche Exegese. Römisches Recht. Deutsches Recht. Kirchenrecht
(Schriftenreihe der Juristischen Schulung, H. 10), München (1972), p. 1 - 78.
rec. H. KUPISZEWSKI, CPH 28 (1976), 2, p. 309.
2. ed., München (1993).

637. STURM, F.:
Bemerkungen zur Wahlfachmaterie Römisches Recht,
[in:] Maurach, R./Behrendt, E. (eds.): Wahlfach Examinatorium, WEX 12: Römisches Recht,
Heidelberg-Karlsruhe (1977), p. 17 - 27.

638. TROJE, H. E.:
Digestenexegese in den Fakultäten,
JuS 3 (1963), p. 459 - 460.

639. WESEL, U.:
Die Hausarbeit in der Digestenexegese. Eine Einführung für Studenten und Doktoranden,
München (1966), 89 p.

640. WEST, M. L.:
Textual Criticism and Editorial Technique, applicable to Greek and Latin Texts,
Stuttgart (1973), 155 p.

2. Textus iuridici corpora

641. ARIAS RAMOS, J.:
Seleccion de textos latinos con su version castellana, in Derecho romano,
3. ed., Madrid (1947), p. 623 - 1064.

642. BLÜTHGEN, F./SCHWENK, F.:
Anleitung zum Studium des Corpus iuris für junge Juristen. Eingehende Erklärung des Systems und Inhaltsangabe der Pandekten sowie ausführliche Erläuterungen aus denselben. Mit besonderer Berücksichtung des BGB,
Berlin (1907), IV+152 p.

643. BOJARSKI, W./DAJCZAK, W./SOKALA, A.:
Przewodnik do ćwiczeń z prawa rzymskiego (pod red. W. Bojarskiego),
Toruń (1990), 215 p.
rec. M. KRASOŃ, CPH 41 (1991), 1 - 2, p. 209 - 210;
A. KREMER, ZSS 109 (1992), p. 742 - 744;
F. WYCISK, Kilka uwag dotyczących nauczania prawa rzymskiego i „Przewodnika do ćwiczeń". Białostockie Studia Prawnicze 1 (1992), p. 203 - 242;
A. PIKULSKA-ROBASZKIEWICZ, Index 21 (1993), p. 590 - 591;
J. ZABŁOCKI, Prawo Kanoniczne 36 (1993), 1 - 2, p. 247 - 250.

644. BOJARSKI, W./DAJCZAK, W./SOKALA, A.:
Verba iuris. Reguły i kazusy prawa rzymskiego,
Toruń (1995), 210 p.

645. COING, H.:
Auszuge aus der römischen Rechtsliteratur. Zusammengestellt für die Zwecke der Vorlesung. Römisches Privatrecht,
Frankfurt a. M. (1958), 75 p.

646. DOSTALÍK, P.:
Texty ke studiu římského práva soukromého,
Plzeň (2009), 175 p., bibl.

647. FUHRMANN, M./LIEBS, D.:
Exempla Iuris Romani. Römische Rechtstexte lateinisch-deutsch. Hrsgb., übers. u. erl. von M. Fuhrmann u. D. Liebs,
München (1988), 222 p.

648. GLEMP, J.:
Lexiculum prawa rzymskiego: wybór tekstów łacińskich z tłumaczeniem polskim i objaśnieniami,
Warszawa (1974), 217 p.

649. HUWILER, B.:
Textbuch zum Römischen Privatrecht einschliesslich einer Auswahl von Texten und Materialen zum ZGB und OR,
Lachen-St. Gallen (1998), XXVI+434 p.

650. KALETA, S.:
Prawo rzymskie prywatne. Wybór źródeł wraz z tłumaczeniem, zestawił i przełożył S. Kaleta, przejrzał J. Falenciak,
Warszawa (1954), 228 p.

651. KRANJC, J.:
Primeri iz rimskega prava, 2. ed.,
Ljubljana (1993), 267 p.

652. KUNDEREWICZ, C.:
Wybór źródeł do ćwiczeń z rzymskiego prawa prywatnego,
Łódź (1968).
2. ed. Łódź (1977), 112 p.

653. LESIŃSKI, B./WALACHOWICZ, J.:
Powszechna historia panstwa i prawa. Starozytność. Wybór tekstów źródłowych,
Poznań (1969), 133 p.
rec. Z. RYMASZEWSKI, CPH 22 (1970), 1, p. 273 - 274.

654. LESIŃSKI, B./WALACHOWICZ, J.:
Powszechna Historia Państwa i Prawa. Wybór tekstów źródłowych,
Poznań (1975), 235 p.
rec. W. M. BARTEL, CPH 29 (1977), 1, p. 146 – 150.

655. LEVET, A./PERROT, E./FLINIAUX, A.:
Textes et documents pour ervir a l'enseignement du droit romain,
Paris (1931), 256 p., reg.

656. MALENICA, A.:
Praktikum iz rimskog prava, Tom. I,
Novi Sad (1997), 249 p.

657. MANDOWSKI, O.:
Hundert Stellen aus dem Corpus iuris (Digesten). Ausführliche Interpretation und Vergleichung mit dem Bürgerlichen Gesetzbuch und anderen deutschen Reichsgesetzen, 5. ed.,
Breslau (1905), 196 p.

658. MANDOWSKI, O.:
Hundert Stellen aus dem Corpus iuris (Digesten). Übersetzt, erläutert und mit dem heutigen Deutschen Rechte verglichen. Für Studierende, 6. ed.,
Breslau (1917), 249 p.

659. MÜLLER, J.:
Corpus Juris Civilis und Bürgerliches Gesetzbuch. Ausgewählte Stellen aus dem Corpus juris civilis übersetzt und nach beiden Rechten erläutert,
Leipzig (1904), 107 p.

660. NARDI, E.:
Istituzioni di diritto romano. Testi, Tom. I – II,
Milano (1973), VI+315 p., Milano (1975), XII+342 p.

661. NOVÁKOVÁ, J./PEČÍRKA, J.:
Antika v dokumentech, Tom. II: Řím, přel. J. Nováková,
Praha (1961), 652 p., reg., t.g., i.

662. OSUCHOWSKI, W. (ed.):
Fontes iuris Romani antiqui privati ad usum scholarum selecti,
Cracoviae (1947), IV+ 120 p.

663. OSUCHOWSKI, W.:
Wybór źródel rzymskiego prawa prywatnego.
Wrocław (1949), 170 p.

664. OSUCHOWSKI, W.:
Wybór źródel rzymskiego prawa prywatnego. Tekst z polskim przekładem,
Kraków (1982), 239 p.

665. ROMAC, A.:
Izvori rimskog prava. Latinski tekstovi s prijevodom,
Zagreb (1973), XVI+605 p.

666. ROMINKIEWICZ, J./SZYMOSZEK, E./ŻEBER, I.:
Teksty źródłowe do ćwiczeń (oprac. I. Żeber),
Wrocław (1991), 175 p.

667. ROMINKIEWICZ, J./SZYMOSZEK, E./ŻEBER, I.:
Prawo rzymskie. Teksty źródłowe do ćwiczeń,
Wrocław (1998), 211 p.

668. ROZWADOWSKI, W.:
Prawo rzymskie. Zarys wykładu wraz z wyborem źródeł,
Poznań (1992), 332 p.

669. SCHULZ, F.:
Texte und Übungen im römischen Privatrecht, Tom. I,
Bonn (1925), 32 p.

670. SCHWARZ, O. G.:
Corpus juris-Schlüssel. Wörtliche Übersetzung nebst Vokabularium,
Berlin (1906), VIII+204 p.
2. und 3. ed., Berlin (1911), VIII+168 p.; 32 p.
4. und 6. ed., Berlin (1921), VIII+176 p.; 32 p.
7. und 8. ed., Berlin (1935), VIII+144 p.; 32 p.

671. SCHWARZ, O. G.:
Examinatorium des Römischen Rechts, 1,
4. ed., Berlin (1927), 32 p.

672. SHERMAN, C. P.:
Epitome of Roman Law in a single book. A concise collection of almost 700 selected texts,
New York (1937), XVII+330 p.

673. SOMMER, O.:
Texty ke studiu soukromého práva římského,
Praha (1932), XLVIII+262 p.

674. SPULBER, C. A.:
Latina juridica clasica si medievala. Texte alese din legi, formule, documente, scriptori pentru uzul studentilor in drept,
Cernauti (1930), 158 p.

675. STAMMLER, R.:
Aufgaben aus dem römischen Recht zum selbständigen Einarbeiten in das System des römischen Privatrechts, 4. ed.,
Berlin-Leipzig (1919), 91 p.

676. SZYMOSZEK, E.:
Rzymskie prawo prywatne. Teksty źródłowe do ćwiczeń. Przejrz. i słowem wstepnym opatrzyl Jerzy Falenciak,
Wrocław (1970), 132 p.

677. TAUBENSCHLAG, R./KOZUBSKI, W.:
Wybór źródeł do rzymskiego prawa prywatnego,
Warszawa (1931), 98 p.
2. ed., Warszawa (1947), 98 p.

678. VÉCSEY, T.:
Exegeticum. Válogatott helyek a digestákból magyarázatokkal,
Budapest (1905), VI+84 p.

679. WILLVONSEDER, R.:
Texte zum römischen Privatrecht für den Rechtsunterricht aufbereitet, von Reinhard Willvonseder,
Wien (1996), 173 p.

680. ZULUETA, F. de:
The Roman Law of Sale. Introduction and select Texts,
Oxford (1945), XI+265 p., reg.

3. Corpora causarum iuris

681. BARTOŠEK, M.:
Škola právnického myšlení,
Praha (1991), 380 p.

682. BENKE, N./MEISSEL, F.-S.:
Übungsbuch zum römischen Sachenrecht, 5. ed.,
Wien (1996), 220 p.

683. BENKE, N./MEISSEL, F.-S.:
Übungsbuch zum römischen Schuldrecht, 4. ed.,
Wien (1998), 379 p.

684. BETTI, E.:
Esercitazioni romanistiche su casi pratici, Tom. I, Anormalità del negozio giuridico,
Padova (1930), XIV+260 p.

685. BLAHO, P./REBRO, K.:
Praktické cvičenia z rímskeho práva,
Bratislava (1985), 108 p.
2. ed. Bratislava (1991), 140 p.

686. BLAHO, P./HAUSMANINGER, H.:
Praktické štúdie z rímskeho práva,
Wien-Bratislava (1993), 220 p., reg.
rec. M. ŽIDLICKÁ, ZSS 113 (1996), p. 654 - 655.

687. BRÓSZ, R./DIÓSDI, Gy.:
Jogesetgyűjtemény a római jog forrásaiból,
Budapest (1973), 45 p.

688. FRIER, B. W.:
A Casebook on the Roman Law of Delict,
Atlanta, Georgia (1989), XIX+267 p., bibl.

689. FRIER, B. W./McGINN, T. A. J.:
A Casebook on Roman family law,
Oxford - New York (2004), XXI+506 p.

690. FUHRMANN, M./LIEBS, D.:
Fälle aus dem römischen Recht. Text und Kommentar,
Bamberg (1974), 40 p. + 95 p.

691. FUHRMANN, M./LIEBS, D.:
Fälle aus dem römischen Recht. Kommentar,
Bamberg (1974), 95 p.

692. FUHRMANN, M./LIEBS, D.:
Fälle aus dem römischen Recht, 3. ed.,
Bamberg (1978), 39 p.

693. GUARINO, A./LABRUNA, L.:
L'esegesi delle fonti del diritto romano, Tom. I - II,
Napoli (1968), 847 p., reg.

694. HARTKAMP, A.:
Enkele opmerkingen over Romeins recht aan de hand van een Digestentekst,
[in:] J. E. Spruit (ed.): Coniectanea Neerlandica iuris romani,
Zwolle (1974), p. 151 - 166.

695. HAUSMANINGER, H.:
Casebook zum römischen Vertragsrecht, 5. ed.,
Wien (1995), 390 p., reg.

696. HAUSMANINGER, H.:
Casebook zum römischen Sachenrecht, 8. ed.,
Wien (1996), 282 p., reg.

697. HAUSMANINGER, H./BLAHO, P.:
Praktické prípady z rímskeho práva,
2. ed., Bratislava (1998), 249 p., reg.
3. ed., Bratislava-Viedeň (2008), 278 p., reg.
4. ed., Praha (2014), 295 p., reg.

698. HAUSMANINGER, H./TRACHTA, W./GAMAUF, R.:
Römisches Recht. Studienband,
Wien (1992), 152 p.

699. HAUSMANINGER, H./TRACHTA, W.:
Römisches Recht. Lehrbegleitband,
Wien (1992), 24 p.

700. HAUSMANINGER, H./TRACHTA, W.:
Römisches Recht. Textband,
Wien (1992), 48 p.

701. HAUSMANINGER, H./TRACHTA, W.:
Römisches Recht. Kommentarband,
Wien (1992), 80 p.

702. KÜBLER, B.:
Lesebuch des römischen Rechts zum Gebrauch bei Vorlesungen und Übungen und zum Selbststudium,
Berlin (1912), 291 p.;
2. ed., Berlin (1914), 294 p.;
3. ed., Leipzig (1925), 294 p.;
reed. Aalen (1979).

703. MIQUEL, J.:
Quaestiones. Docencia del Derecho a travès del casuismo Romano,
Barcelona (1985), VII+200 p.

704. PAGENSTECHER, E.:
Pandekten-Praktikum zu Puchta's Pandekten und Girtanner's Rechtsfällen, mit Hinweisung auf die Lehrbücher von Arndts und von Vangerow,
Heidelberg (1860), 804 p.
reed. Leipzig (1970), XII+804 p.
reed. (2012), 834 p.

705. POSENER, P.:
Corpus Iuris Exegese,
Berlin (1902), 78 p.

706. RAINER, J. M./FILIP-FRÖSCHL, J.:
Texte zum Römischen Recht. Fallbeispiele für das Studium. Schwerpunkt Schuld- und Sachenrecht,
Wien-New York (1998), 300 p.

707. SPRUIT, J. E.:
Romeinsrechtelijke romanesken,
Deventer (1979), 106 p.

708. WIMMER, M.:
Digestenexegese. Fälle mit Lösungen für die Prüfung aus römischen Recht,
Wien (2004), 131 p., reg.
2. ed., Wien (2007), 137 p., reg.

709. ZITELMANN, E.:
Digestenexegese. 20 Fälle aus dem römischen Recht,
Berlin-Grunewald (1925), 71 p.

4. Exegesis singularum causarum

710. ALBERTARIO, E.:
D. 41, 2, 8 e la perdita del possesso nella dottrina giustinianea,
Annali della R. Università di Macerata, Tolentino 5 (1929), p. 213 - 236.

711. ALBERTARIO, E.:
D. 41, 2, 8 et la perte de la possession dans la doctrina de Justinien,
RHD 10 (1931), 4. ser., p. 1 - 29.

712. BEHRENDS, O.:
Römischrechtliche Exegese: Das deliktische Haftungssystem der lex Aquilia,
JuS (1985), Heft 11, p. 878 - 885.

713. BENKE, N./MEISSEL, F.-S.:
Diplomprüfung aus Römischem Privatrecht. März 1995 (1. Teil-Schuldrecht),
JAP 5 (1994/1995), Heft 4, p. 252 – 256.

714. BENKE, N./MEISSEL, F.-S.:
Musterexegese zu D 20, 1, 29, 2,
[in:] Benke, N./Meissel, F. – S.: Übungsbuch zum römischen Sachenrecht, 5. ed.,
Wien (1996), p. 207 – 211.

715. BENÖHR, H.-P.:
Thematik: Kaufrecht (Gültigkeit des Vertrages). Exegese von Paul (33 ed) D 18, 1, 34, 3,
[in:] Maurach, R./Behrendt, E. (eds.): Wahlfach Examinatorium, H. 12: Römisches Recht,
Heidelberg-Karlsruhe (1977), p. 39 – 48.

716. BENÖHR, H.-P.:
Kaufrecht (Gefahrtragung). Exegese von Paul/Iul (3 Alf epit Urs Fer) D 18, 6, 13 – 15 pr.,
[in:] Maurach, R./Behrendt, E. (eds.): Wahlfach Examinatorium, H. 12: Römisches Recht,
Heidelberg-Karlsruhe (1977), p. 50 – 58.

717. CARCATERRA, A.:
Dolus bonus/dolus malus. Esegesi di D. 4, 3, 1, 2 – 3,
Napoli (1970), 268 p.

718. EBERTY, H.:
L. 2 D. de condictione sine causa (12, 7). Eine exegetische Untersuchung nach römischem und modernem Recht unter besonderer Berücksichtigung des Umfanges der Kontraktsklage und des Verhältnisses der condictio zu ihr,
Heidelberg-Berlin (1905), XI+51 p.

719. GAMAUF, R.:
Eigentumserwerb an Geld durch Vermengung im römischen Recht (D 46, 3, 78) und in § 371 ABGB,
JAP 8 (1997/1998), 1. Teil, p. 154 – 162; 2. Teil, p. 217 – 222.

720. HALBWACHS, V.:
Diplomprüfung aus Römischem Privatrecht, 2. Teil: Personen-, Familien-, Erbrecht, Rechtsgeschichte, Sachenrecht, Scaev D 20, 1, 34 pr.,
JAP 6 (1995/1996), p. 15 - 19.

721. HARDER, M.:
Römischrechtliche Exegese-Hausarbeit. Zum Anweisungsdarlehen und Vereinbarungsdarlehen (Ulpian D 12, 1, 15),
Juristische Arbeitsblätter (Gelbe Blatte), Übungsblätter,
Neuwied-Frankfurt a. M. 22 (1990), p. 165 - 173.

722. HAUSMANINGER, H.:
Fallanalyse zu Afr. D 17, 1, 34 pr.,
[in:] H. Hausmaninger: Casebook zum römischen Vertragsrecht,
5. ed., Wien (1995), p. 385 - 386.

723. HAUSMANINGER, H.:
Fallanalyse zu D 41, 1, 5, 1,
[in:] H. Hausmaninger, Casebook zum römischen Sachenrecht,
8. ed., Wien (1996), p. 271 - 273.

724. HAUSMANINGER, H.:
Fallanalyse zu D 41, 2, 13 pr.,
[in:] H. Hausmaninger, Casebook zum römischen Sachenrecht,
8. ed., Wien (1996), p. 274 - 275.

725. HEINBURG, C.:
L. 15 § 5 D. 42, 1 verglichen mit den Grundsätzen unseres heutigen Rechts,
Heidelberg, Borna-Leipzig (1912), VIII+49 p.

726. HEYROTH, A.:
Die L. 3 § 2 D. 2, 15 und das Recht des Bürgerlichen Gesetzbuches,
Heidelberg-Leipzig (1910), VIII+41 p.

727. HONSELL, H.:
Thematik: Kaufrecht (Gefahrtragung, Alternativobligation). Exegese von Paul (33 ed) D 18, 1, 34, 6,
[in:] R. Maurach/E. Behrendt (eds.): Wahlfach Examinatorium, H. 12: Römisches Recht,
Heidelberg-Karlsruhe (1977), p. 59 - 66.

728. KRELLER, H.:
Kritische Digestenexegesen zur Frage des Drittschadenersatz,
ZSS 66 (1948), p. 45 - 90.

729. LANFRANCHI, F.:
D. 2, 4, 5: "Pater is est... ": "regula o definitio"?,
AG (1968), Tom. CLXXV, Fasc. 1 - 2 (Sesta Serie, Tom. XLIV, Fasc. 1 - 2),
p. 264 - 267.

730. MAYER-MALY, Th./NOLL, H.:
Römisches Recht,
Wien (2002), p. 21 - 41.

731. MEISSEL, F.-S.:
Die Prüfungsexegese im Römischen Recht dargestellt an D 20, 1, 29, 2: Pfandrecht am abgebrannten Haus?,
JAP 3 (1992/1993), Heft 4, p. 198 - 202.

732. MEISSEL, F.-S.:
Zur Haftung für Furtum beim römischen Leihevertrag. Diebstahlsverfolgung und Drittschadensproblem,
JAP 4 (1993), p. 212 - 218.

733. PLATZ, K. W.:
Digestenexegese: Paulus D. 19, 1, 21, 3,
JuS 7 (1967), H. 3, p. 128 - 136.

734. ROHDE, H.:
Erklärung der l. 3 pr. de pignoribus et hypothecis (20, 1) unter Berücksichtigung der 1. 1 D. de exceptione rei iudicatae (44, 2),
Heidelberg, Borna-Leipzig (1907), XI+56 p.

735. ROST, E.:
Interpretation der Lex 15 Digestorum de exceptione rei judicatae 44, 2 (Si inter me et te) und die Anwendbarkeit der in ihr entwickelten Grundsätze nach heutigem Reichsrecht,
Heidelberg, Borna-Leipzig (1907), 37 p.

736. SARLING, O.:
Exegese über L. 28 D. De vulg. et pup. subst. 28, 6 als Beispiel für Studierende und Prüfungskandidaten,
Leipzig (1903), 41 p.

737. SCHON, J.:
Die Ulpian-Celsinische Durchgangstheorie (L. 3 § 12 D. de donat. int. vir. et ux. 24, 1),
Heidelberg-Rostock (1903), 47 p.

738. STURM, F.:
Anleitung zur Anfertigung einer Digestenexegese. B. Exegese von Scaevola D. 20, 1, 34 pr.,
JuS 2 (1962), 11, p. 427 - 437.

739. STURM, F.:
Anleitung zur Anfertigung einer Digestenexegese. C. Klausurmässige Exegese von Julian D. 18, 1, 41, 1,
JuS 2 (1962), 12, p. 471 - 476.

740. STURM, F.:
Observations exégétiques sur Paul. D. 46,2,12 (L. 31 ad ed.),
St E. Volterra, Tom. I,
Milano (1969), p. 257 - 287.

741. STURM, F.:
Exegese von Scaevola (27 dig.) D 20, 1, 34 pr.,
[in:] H. Schlosser/F. Sturm/H. Weber: Die rechtsgeschichtliche Exegese,
München (1972), p. 27 - 61.

742. STURM, F.:
Klausurmäßige Exegese von Julian (3 Urs. Fer.) D 18, 1, 41, 1,
[in:] H. Schlosser/F. Sturm/H. Weber: Die Rechtsgeschichtliche Exegese,
München (1972), p. 62 - 78.

743. STURM, F.:
Thematik: Der Prätor der römischen Republik und der deutsche Richter, Unterschiede und Gemeinsamkeiten,
[in:] R. Maurach/E. Behrendt (eds.): Wahlfach Examinatorium, H. 12: Römisches Recht,
Heidelberg-Karlsruhe (1977), p. 88 - 96.

744. STURM, F.:
Thematik: Wesentliche Bestandteile, Pfandrecht, negotium gestio, condictio, actio legis Aquiliae,
[in:] R. Maurach/E. Behrendt (eds.): Wahlfach Examinatorium, H. 12: Römisches Recht,
Heidelberg-Karlsruhe (1977), p. 97 – 108.

745. TROJE, H. E.:
Digestenexegese: Scaevola D. 44, 4, 17, 1,
JuS 4 (1964), H. 11, p. 451 – 455.

746. VORDERWÜLBECKE, M.:
"Res aliena pignori data" Paul. l. 3 quaest., D 13, 7, 41. (Kleine exegett. Reihe. Abt. 2: Römische Rechtsgeschichte),
Baden-Baden (1992), 46 p.

747. WACKE, A.:
Proculus Dig. 2, 14, 36: Ein pactum zur Grundstückherausgabe an einen Dritten. Verantwortungsbereich und Partei-Interesse als Auslegungskriterien,
[in:] A. Dufour (ed.): Pacte, convention, contrat. Mélanges B. Schmidlin,
Bale-Frankfurt a. M. (1998), p. 147 – 159.

748. WELLMANN, E.:
Die Stellung der impensae voluptuariae im Dotalsystem. (Interpretation der l. 9 D. de impensis 25, 1),
Heidelberg-Kirchhain (1909), X+92 p.

749. WIELING, H.:
Thematik: Anweisung, Mitgift. Exegese von Iul (16 dig) D 12, 4, 7 pr.,
[in:] R. Maurach/E. Behrendt (eds): Wahlfach Examinatorium, H. 12: Römisches Recht,
Heidelberg-Karlsruhe (1977), p. 67 – 77.

750. WIELING, H.:
Thematik: Pfandrecht, Mitgift. Exegese von Afr (8 quaest) D 20, 4, 9, 3,
[in:] R. Maurach/E. Behrendt (eds.): Wahlfach Examinatorium, H. 12: Römisches Recht,
Heidelberg-Karlsruhe (1977), p. 78 – 87.

751. ZWALVE, W. J.:
The case for the lost captain. A discussion about D. 19,2,15,6,
TR 81 (2013), p. 621 – 631.

XI. Monumenta iuris

752 – 770

752. BAUER, A.:
Libri Pandectarum. Das römische Recht im Bild des 17. Jahrhunderts. (Osnabrücker Schriften zur Rechtsgeschichte, Bd. 13. 1),
Göttingen-Osnabrück (2005), 366 p., reg., bibl., 110 i.

753. BAUER, A.:
Die friesische Pandektenfliesen: das römische Recht im Bild des 17. Jahrhunderts,
[in:] A. Bauer/K. H. L. Welker (eds.): Europa und seine Regionen. 2000 Jahre Rechtsgeschichte,
Köln-Weimar-Wien (2005), p. 339 - 367.

754. BECKER-MOELANDS, M. A.:
Die Pandekten in bildlicher Darstellung. Niederländische Abbildungen von Pandektentiteln im 17. Jahrhundert,
[in:] L. Carlen (ed.): Forschungen zur Rechtsarchäologie und Rechtlichen Volkskunde, Bd. 12,
Zürich (1990), p. 121 - 140.

755. BUNO, J.:
Memoriale juris civilis Romani, quo tituli omnes et praecipue leges, quae in quinquaginta libris Digestorum seu Pandectarum sunt, emblematibus et imagninibus ita efficta exhibentur, ut una cum titulorum materiis, eorum etiam numeri memoriae imprimi, contineri ac reddi; quin etiam Leges illae praecipuae ad suos referri Titulos facili negotio queant,
Hamburg (1673).

756. EBEL, F./FIJAL, A./KOCHER, G.:
Römisches Rechtsleben im Mittelalter. Miniaturen aus den Handschriften des Corpus iuris civilis,
Heidelberg (1988), p. 13 - 123.

757. ERLER, A..
s. v. Rechtssymbolik, Rechtsymbole,
[in:] A. Erler/E. Kaufmann (eds.): Handwörterbuch zur Deutschen Rechtsgeschichte, Bd. 4,
Berlin (1990), col. 381 - 384.

758. FEHR, H.:
Kunst und Recht, Tom. I: Das Recht im Bilde,
Erlenbach-Zürich (1913).
2. ed. Erlenbach-Zürich (1923), 194 p.

759. FEHR, H.:
Kunst und Recht, Tom. II: Das Recht in der Dichtung,
Bern (1931), 580 p.

760. KOCHER, G.:
Sachsenspiegel, Institutionen, Digesten, Codex - Zum Aussagewert mittelalterlicher Rechtsillustrationen,
[in:] L. Carlen (ed.): Forschungen zur Rechtsarchäologie und Rechtlichen Volkskunde, Bd. 3,
Zürich (1981), p. 5 - 34.

761. KOCHER, G.:
Rechtsarchäologie, Rechtliche Volkskunde und die österreichische Rechtsgesehichte,
[in:] H. C. Faussner/G. Kocher/ H. Valentinitsch (eds.): Die Österreichische Rechtsgeschichte. Standortbestimmung und Zukunftsperspektiven,
Graz (1991), p. 193 - 203, i.

762. KOELMANS, J.:
Twee bijzondere Pandectenuitgaven uit de zeventiende eeuw.,
Amsterdam (1972).

763. MAISEL, W.:
Rechtsarchäologie Europas,
Wien-Köln-Weimar (1992), XVI+344 p.

764. MEYER-COLLINGS, J. J.:
Eine seltsame Pandektenausgabe,
TR 12 (1933), p. 408 - 416.

765. NOORDHOFF, D.:
Pandectentegels,
Tegel 1 (1972), p. 18 - 27.

766. NOORDHOFF, D.:
Pandectentegels,
Tegel 17 (1989), p. 12 - 18.

767. SCHMOEKEL, M.:
Karl von Amira und die Anfänge der Rechtsarchäologie,
[in:] L. Carlen (ed.): Forschungen zur Rechtsarchäologie und Rechtlichen Volkskunde, 17 (1999), p. 67 - 81.

768. SPRUIT, J. E.:
Rechtsgeleerde muurbloempjes uit de 17e eeuw. Curieus verglaasde wandtegels met taferelen uit de Pandecten,
Arnhem (1989), 68 p.
rec. M. AHSMANN, TR 60 (1992), p. 222 - 223.

769. STOLLEIS, M.:
Corpus Iuris Civilis par cœur,
[in:] H.-P. Haferkamp/T. Repgen (eds.): Usus modernus pandectarum. Römisches Recht, Deutsches Recht und Naturrecht in der frühen Neuzeit. K. Luig zum 70. Geburtstag,
Köln-Weimar-Wien (2007), p. 245 - 269, i.

770. TELLEGEN-COUPERUS, O. E./TELLEGEN, J. W.:
De pandectentagels van Sybrand Feytema,
[in:] De vrije Fires 73 (1993), p. 115 - 136.

XII. Alia

771 – 1278

771. ALBERICUS de ROSATE:
Commentarii in primam Digesti Veteris partem,
Venise (1585).
reed. Opera iuridica rariora, Tom. XXI, Bologna (1974).

772. ALBERICUS de ROSATE:
Commentarii in secundam Digesti Veteris partem,
Venise (1585).
reed. Opera iuridica rariora, Tom. XXII, Bologna (1977).

773. ALBERTARIO, E.:
Introduzione storica allo studio del diritto romano giustinianeo I,
Milano (1935), p. 16 - 32.

774. ANKUM, H.:
Le "codification" de Justinien était-elle une véritable codification?,
[in:] Liber amicorum J. Gilissen,
Antwerpen (1982), p. 1 - 17.

775. ANKUM, H.:
Towards Additions to LENEL's Palingenesia Iuris Civilis,
RIDA 41 (1994), 3e Série, p. 125 - 138.

776. ANKUM, H.:
Was Justinian's Corpus iuris civilis a Codification?
Zbornik Pravnog fakulteta u Podgorici, Podgorica 32 (2001), p. 9 - 22.

777. APPLETON, H.:
Psychologie des compilateurs du Digeste.
Revue générale de Droit, de la législation et de la jurisprudence en France et à l'étranger, Paris 19 (1895), p. 37 - 41.

778. ARANGIO-RUIZ, V.:
Di alcune fonti postclassiche del Digesto,
Atti della R. Academia di scienze morali e politiche di Napoli,
Napoli 54 (1931), p. 3 - 25.
[=V. A.-R.: Scritti di diritto romano, Tom. II, Camerino (1974), p. 289 - 313].

779. ARANGIO-RUIZ, V.:
Precedenti scolastici del Digesto,
Conferenze, Milano (1931), p. 285 - 319.
(=V. A.-R.: Scritti di diritto romano, Tom. II, Camerino (1974), p. 315 - 349).

780. ARANGIO-RUIZ, V./GUARINO, A.:
Breviarium iuris Romani,
Milano (1943),
reed. (1951).

781. ARANGIO-RUIZ, V./GUARINO, A.:
Breviarium iuris Romani,
6. ed. (1983), VIII+925 p.
rec. M. KURYŁOWICZ, ZSS 101 (1984), p. 455.

782. ASCHERI, M.:
Tribunali, giuristi e istituzioni dal medioevo all'età moderna,
Bologna (1989), 267 p.

783. ASTUTI, G.:
L'edizione critica della Glossa Accursiana,
[in:] Atti del Congresso int. di diritto romano e di storia del diritto, Tom. I, Verona (1948), p. 323 - 336.

784. ASTUTI, G.:
Tradizione dei testi del Corpus iuris nell'alto medioevo,
[in:] Tradizione Romanistica, Tom. I (1984), p. 171 - 235.

785. BAHNÍK, V.:
s. v. CORPUS IURIS,
[in:] s. a. Slovník antické kultury, Praha (1974), p. 134.

786. BALDUS de UBALDIS:
In primam Digesti Veteris partem commentaria,
Venetiis (1585), 366 p.

787. BALDUS de UBALDIS:
In secundam Digesti Veteris partem commentaria,
Venetiis (1586), 200 p.

788. BALZARINI, M.:
La represión de la iniuria en D. 47, 10, 45 y en algunos rescriptos de Diocleciano. Contribución al estudios del derecho penal romano de la edad imperial,
Revista de la Facultad de derecho de la Universidad Complutense de Madrid, Madrid 59 (1980), p. 43 - 80.

789. BARNI, G. L.:
Le lettere di Andrea Alciato,
Firenze (1953).

790. BARTOLUS de SAXOFERRATO:
Tractatus de insigniis et armis,
[in:] L. Vrtel (ed.), M. Munková (transl.): Traktát o znameniach a erboch podľa benátskej prvotlače z r. 1472 uloženej v Archíve Košického arcibiskupstva, Bratislava (2009), 199 p., bibl.

791. BECK, J. L. W.:
Indicis Codicum et Editionum Juris Justinianei Prodromus,
Leipzig (1823), 111 p.

792. BEHRENDS, O.:
s.v. Lenel, Otto (1849 - 1935),
[in:] Kleinheyer/Schröder: DEJ, Heidelberg (2008), p. 516.

793. BENDER, G.:
s.v. Kantorowicz, Hermann (1877 - 1940),
[in:] Stolleis: Juristen, p. 347 - 349.

794. BERGER, A.:
Dig. IX 2, 4, § 1 und das "endoploratio" der Zwölftafeln,
St A. Albertoni I, Padova (1935), p. 379 - 397.

795. BERGER, A.:
Some Remarks on Cattle-Stealing in Roman Law. (D. 47, 14, 3, 1 and Bas. 60, 25, 3),
Seminar 2 (1944), p. 23 - 40.

796. BERGER, A.:
The Emperor Justinian's ban upon Commentaries to the Digest,
Bulletin of the Polish Institute of Arts and Sciences in America 3 (1945), p. 656 - 696.

797. BERGER, A.:
The Emperor Justinian's Ban upon Commentaries to the Digest, Supplementum Post-Bellum,
BIDR (1948), p. 124 - 169.
reed. Labeo 4 (1958), p. 66 - 74.

798. BERGER, A.:
s. v. DIGESTA,
[in:] M. Cary/J. D. Denniston/J. Wight Duff/A. D. Nock/W. D. Ross/H. H. Scullard (eds.): The Oxford Classical Dictionary, Oxford (1949), p. 280 - 281.

799. BERGER, A.:
In memoriam Hermann Ulrich Kantorowicz,
ZSS 68 (1951), p. 624 - 633.

800. vacat

801. BERGH, G. C. J. J. van den:
'Geminatio taurelliana': A Note on Humanistic Philology and Legal Scholarship,
[in:] J. A. Ankum e.a. (eds.): Satura R. Feenstra... oblata,
Fribourg (1985), p. 523 - 531.

802. BERGH, G. C. J. J. van den:
Alexander Cunningham's Corpus iuris,
TR 68 (2000), p. 99 - 115.

803. BERGH, G. C. J. J. van den:
Die holländische elegante Schule. Ein Beitrag zur Geschichte von Humanismus und Rechtswissenschaft in den Niederlanden 1500 - 1800,
Frankfurt a. M. (2002), IX+237 p.

804. BESTA, E.:
L'Opera di Irnerio (contributo alla storia del diritto italiano), Tom. I: La vita, gli scritti, il metodo, Tom. II: Glosse inedite d'Irnerio al Digestum vetus,
Torino (1896).

805. BIANCHINI, M.:
Osservazioni minime sulle costituzioni introdutive alla compilazione Giustinianea,
St G. Donatuti, Tom. I, (1973), p. 121 - 135.

806. BIANCHINI, M.:
Appunti su Giustiniano e la sua compilazione,
Torino (1983).

807. BIRET, A. C. L. M.:
Applications au Code civil des Institutes de Justinien et des cinquante livres du Digeste, Tom. I - II,
Paris (1824), IV+462; 474 p.

808. BLAHO, P.:
Rímske právo na sklonku antiky,
Zprávy Jednoty klasických filologů, 34, 1992, 1 - 3, 1993,
Praha (1995), p. 25 - 33.

809. BLAHO, P.:
Symposium 100. Todestag von Franz Hofmann. Einleitendes Wort,
OIR 4 (1998), p. 149 - 150.

810. BLAHO, P.:
Justiniánske Digesta - základný kameň európskeho právneho myslenia,
JR 57 (2005), p. 77 - 86.

811. BLAHO, P.:
Theodor Mommsen - editor justiniánskych Digest,
Sambucus. Práce z klasickej filológie, latinskej medievalistiky a neolatinistiky, Trnava 5 (2010), p. 171 - 183, argumentum.

812. BLUHME, F.:
Die Ordnung der Fragmente in den Pandektentiteln. Ein Beitrag zur Entstehungsgeschichte der Pandekten,
Zeitschrift für geschichtliche Rechtswissenschaft, Berlin 4 (1820), p. 257 - 472.
reed. Labeo 6 (1960), p. 50 - 95; 235 - 277; 368 - 404.

813. BLUHME, F.:
Dissertatio de geminatis et similibus quae in Digestis inveniuntur capitibus,
Jena (1820), 68 p.

814. BLÜTHGEN, F./SCHWENK, F.:
Anleitung zum Studium des Corpus Iuris für junge Juristen. Mit besonderer Berücksichtigung des Bürgerlichen Gesetzbuches von F. Blüthgen und F. Schwenk,
Berlin (1907), IV+152 p.

815. BOEHMER, J. H.:
Exercitationes ad Pandectas I, cura filii G. L. Boehmer,
Hanoverae-Gottingae (1797).

816. BOHÁČEK, M.:
Berytské náuky v Justiniánské kompilaci (Cod. Just. 2, 4, 18),
Bratislava (1931), 75 p.

817. BONFANTE, P.:
L'edizione italiana del Digesto e gli studi di diritto romano,
Conferenze, Milano (1931), p. 93 - 103.

818. BONINI, R.:
Note sulla legislazione Giustinianea dell'anno 535,
Archi: L'imperatore, Milano (1978), p. 161 - 178.

819. BONINI, R.:
Introduzione allo studio dell'età Giustinianea,
Bologna (1977), 130 p.
4. ed., Bologna (1985), 132 p.

820. BORTOLUCCI, I.:
Index verborum graecorum quae in Institutionibus et Digestis occurunt,
AG 76 (1906), p. 354 - 396.

821. BÖCKELMANN, J. F.:
Exercitationes ad Pandectas,
Heidelbergae (1664), VIII+460 p.

822. BÖCKELMANN, J. F.:
Collegium Pandectarum compendiose exhibens fundamenta, et praecipuas controversias, quae in singulis titulis occurrunt,
Heidelbergae (1668), 223 p.

823. BÖCKELMANN, J. F.:
Commentarii in Digesta,
Lugduni (1678), XXIV+672 p.

824. BÖHMER, J. H.:
Introductio in ius digestorum: sensum pariter ac usum singularum materiarum succincte exhibens,
Halae - Magdeburgicae (1704), 719 p.
2. ed. Halae - Magdeburgicae (1714), 719 p.
3. ed. Halae - Magdeburgicae (1723), 694 p., i.
4. ed. Halae - Magdeburgicae (1730), 472 p.
5. ed. Halae - Magdeburgicae (1736), 694 p.
6. ed. Halae - Magdeburgicae (1740 - 1741), 694 p.
7. ed. Halae - Magdeburgicae (1746), 472 p.
8. ed. Halae - Magdeburgicae (1752), 472 p.
9. ed. Halae - Magdeburgicae (1756), 472+694 p.
10. ed. Halae - Magdeburgicae (1761), 472 p.
11. ed. Halae - Magdeburgicae (1767), 472+496 p.
12. ed. Halae - Magdeburgicae (1773), 472+496 p.
13. ed. Halae - Magdeburgicae (1780), 472+496 p.
14. ed. Halae - Magdeburgicae (1791), XXXII+368 p.

825. BRANCA, V.:
Poliziano e l'umanesimo della parola,
Torino (1983).

826. BRENKMAN, H.:
De eurematicis diatriba,
Lugduni-Batavorum (1706), 290 p.
2. ed. Lugduni-Batavorum (1711).

827. BRENKMAN, H.:
Pandectae juris civilis auctoribus suis et libris restituti. Speciminis loco P. Alfenus Varus,
Amstelaedami (1709), 43 p.

828. BRENKMAN, H.:
Historia Pandectarum,
Utrecht (1722), 466 p;
reed. Frankfurt am Main (2003);
reed. Frankfurt am Main (2004);
reed. Frankfurt am Main (2005).

829. BRINI, G.:
Di alcune lezioni delle Pandette,
Rendiconti della R. Accad. dell'Istituto di Bologna,
Bologna (1907), p. 1 – 18.

830. BRINI, G.:
Classicitá di un pagamento parziale in un passo dei Digesti?,
Rendiconti della R. Accad. dell'Istituto di Bologna,
Bologna (1914).

831. BRUGI, B.:
Le dottrine giuridiche degli agrimensori romani comparate a quelle del Digesto,
Verona (1897), XV+430 p.
reed. Roma (1968).

832. BRUGI, B.:
Dove erano custodite in Pisa le Pandette nel secolo XIV,
Rendiconti della classe di scienze morali, storiche e filologiche (Reale accad. naz. dei Lincei), Roma 6 (1927), fasc. 3-4, p. 335-336.

833. BUCKLAND, W. W.:
Digest XLVII, 2 ("de furtis") and the Methods of the Compilers,
TR 10 (1930), p. 117 – 142.

834. BUDAEUS, G.:
Altera aeditio annotationum in pandectas,
Coloniae (1527), 215 p.

835. BUDAEUS, G.:
Annotationes priores et posteriores in Pandectas,
Paris (1554), 285 p.
2. ed. Lutetiae (1556), 283 p.;

3. ed. Basiliae (1557), 399 p.;
4. ed. Lugduni (1562), s.p.;
5. ed. Lugduni (1562), s.p.;
6. ed. Lutetiae (1656), s.p.;
reed. Farnborough (1966), 542 p.
reed. Frankfurt a. M. (2014), 285 p.

836. BUIS, P.:
Subtilitatum iuris libri septem in Pandectas cum differentiis iuris canonici et consuetudinum Germaniae, Galliae et Belgicae ad usum huius seculi compositus,
(1608 - 1614),

837. BUONAMICI, F.:
I giureconsulti di Pisa al tempo della Scuola bolognese e alcune ricerche sull'uso che si fece in questa scuola del celebre manuscritto pisano,
[in:] Pel l'VIII centenario della Università di Bologna. Studi giuridichi e storici, Roma (1888), p. 11 - 67.

838. BUONAMICI, F.:
Dopo la morte di Teodoro Mommsen,
Annali delle Università Toscane, Pisa 25 (1905), 25 p.

839. BURMEISTER, K. H.:
s.v. Humanismus. II. Recht,
[in:] M. Landfester/H. Cancik/H. Schneider (eds.): Der Neue Pauly. Enzyklopädie der Antike, Tom. 14,
Stuttgart-Weimar (2000), col. 554 - 559.

840. BUTRIGARIUS, I.:
In primam et secundam Veteris Digesti partem, Tom I - II,
Romae (1606).
reed. Opera iuridica rariora, Tom. XIV, Bologna (1078)

841. BYNKERSHOEK, C. van:
Notae selectae ad Pandectarum libri 12 tit. 1 - 35 tit. 2, od. P. van Warmelo,
Acta iuridica, (1978), p. 225 - 277.

842. CAIRNS, J. W.:
Alexander Cunningham's Proposed Edition of the Digest: An Episode in the History of the Dutch Elegant School,
TR 69 (2001), p. 81 – 117.

843. CANNATA, C. A.:
Systématique et dogmatique dans les Commentarii iuris civilis de Hugo Doneau,
[in:] B. Schmidlin/A. Dufour (eds.): Jacques Godefroy (1587 – 1652) et l'Humanisme juridique à Genève. Actes du Colloque Jacques Godefroy, (1991), p. 217 – 230.

844. CANOY-OLTHOFF, A. M. M./NÉVE, P. L.:
Holländische Eleganz gegenüber deutschen Usus modernus Pandectarum,
Nijmegen (1990), V+55 p.
rec. M. AHSMANN, TR 60, 1 – 2 (1992), p. 219 – 221.

845. CAVALLO, G./MAGISTRALE, F.:
Libri e Scritture del diritto nell'età di Giustiniano,
[in:] Archi, G.G. (ed.): Il mondo del diritto nell'epoca giustinianea,
Ravenna (1985), p. 43 – 58; Index, p. 97 – 110.

846. CENDERELLI, A.:
Digesto e Predigesti: Riflessioni e ipotesi di ricerca,
Milano (1983), 63 p.

847. CHEVALIER, L.:
Le président Favre et la jurisprudence du Sénat de Savoie de 1585 – 1605,
TR 20 (1939), p. 263 – 289, 456 – 478.

848. CHIAPELLI, L.:
Nuovi studi sopra storia delle Pandette nel medioevo,
AG 44 (1890), p. 515 – 546.

849. CYNI PISTORIENSIS in Codicem et aliquot titulos primi Pandectarum tomi, id est Digesti Veteris, doctissima commentaria, nunc Summariis amplius tertia parte auctis, infinitisque mendis, multo diligentius et emendatius quam antea excusa [...], Tom. I – II,

Fracofurti ad Moenum (1578), 571 p.
reed. Torino (1964).
reed. Frankfurt a. M. (2007), 1350 p.

850. CIULEI, G.:
D. 47, 22, 4,
ZSS 84 (1967), p. 371 - 375.

851. CLERICI, O.:
Fr. 11 D. "ad legem Iuliam peculatus" 48, 13. Appunti di diritto romano,
Torino (1906), 7 p.

852. CLOUD, J. D.:
The Text of Digest XLVIII.4: ad Legem Iuliam maiestatis,
ZSS 80 (1963), p. 206 - 232.

853. CODERCH, P. S./SÁNCHEZ-OSTIZ, B. C.:
Anton Friedrich Justus Thibaut (1772 - 1840),
[in:] R. Domingo (ed.): Juristas universales. Juristas modernos, Tom. II, Madrid (2004), p. 879 - 883.

854. COLLINET, P.:
The general problems raised by the Codification of Justinian,
Haarlem (1922), 30 p.
rec. S. SOLAZZI, AG 89, 2 (1923), 7 p.

855. COLLINET, P.:
Histoire de l'école de droit de Beyrouth,
Paris (1925), 333 p.
rec. F. De VISSCHER, Revue belge de philologie et d'histoire 7, 2 (1928) p. 724 - 731.

856. COLLINET, P.:
L'originalité du Digeste,
Conferenze, Milano (1931), p. 39 - 51.

857. COLLINET, P.:
La genése du Digeste, du Code et des Institutes de Justinien,
Etudes Historiques sur le droit de Justinien, Paris 3 (1952), 330 p.
rec. F. WIEACKER, ZSS 71 (1954), p. 464 - 474.

858. COLLINET, P.:
Le caractère oriental de l'oeuvre législative de Justinien et les destinées des Institutions classiques en Occident,
Paris (1912), XXXII+338 p.
2. ed., Paris (1958).

859. Conferenze Milanese per il XIV delle Pandette 15 dicembre 530 - 15 dicembre 1930. (Pubblicazioni della Università Cattolica del Sacro Cuore, Ser. seconda: scienze giuridici, 33),
Milano (1931), X+373 p.
rec. F. de ZULUETA, Law Quarterly Review (1932), p. 273.
F. WIEACKER, Gnomon 9 (1933), p. 201 - 210.

860. CONRAT (COHN), M.:
Der Pandekten– und Institutionenauszug der brittischen Dekretalen-sammlung,
Berlin (1887), 21 p.

861. COSTA, E.:
Teodoro Mommsen,
Discorso inaugurato per l'anno di studi 1904 - 1905,
Bologna (1904), 90 p.

862. CUJAS (CUJACIUS), J.:
Paratitla in libros digestorum,
s. l. (1570), XXXII+304 p.;
Venetiis (1572), XXIV+312 p.;
Coloniae (1577), 335 p.;
Lugduni (1587), s.p.;
Coloniae (1588 - 1592), s.p.;
Coloniae (1595), s.p.;
Francofurti (1615), 472 p.;
Paris (1631), 766 p.;
Paris (1655), s.p.;
Paris (1658), s.p.;
Tolosae (1686), s.p.

863. CUJAS (CUJACIUS), J.:
Ad Africanum tractatus novem,
Coloniae Agrippinae (1574);
Coloniae Agrippinae (1588);

Coloniae Agrippinae (1591);
Coloniae Agrippinae (1595).

864. DAUBE, D.:
Zur Palingenesie einiger Klassikerfragmente,
ZSS 76 (1959), p. 149 - 264.

865. DE CORAS (CORASIUS), J.:
In aliquot titulos secundi ac tertii Pandectarum tomi Commentarii,
Lugduni (1567).

866. DE FRANCISCI, P.:
Alcune osservazioni sul metodo dei compilatori delle Pandette,
Rendiconti del Rend. Istituto Lombardo di Scienze e Lettere, ser. 2, Tom. 44,
Milano (1911), p. 186 - 193

867. DE FRANCISCI, P.:
Frammenti di un indice del Digesto,
Rendiconti del R. Istituto Lombarde di Scienze e Lettere, ser. 2, Tom. 45,
Milano (1912), p. 210 241.

868. DE FRANCISCI, P.:
Nuovi studi intorno alla legislazione giustinianea durante la compilazione delle Pandette,
BIDR 27 (1915), p. 5 - 54.

869. DE FRANCISCI, P.:
Premesse storiche alla critica del Digesto,
Conferenze, Milano (1931), p. 1 - 38.

870. DE FRANCISCI, P.:
Premesse storiche alla critica del Digesto,
(Pubbl. della Univ. Catolica del S. Cuore Sc. Giur., 33),
Milano (1931), p. 5 - 40.

871. DE FRANCISCI, P.:
Le Epistulae Pandectales di Pierio Valeriano,
Atti della Reale Accademia d'Italia, Rendiconti della Classe di sienze morali e storiche,
(1941), p. 399 - 406.

872. DE FRANCISCI, P.:
Un manoscritto perduto del Digesto,
Atti del Congresso internazionale di diritto romano e di storia del diritto, Tom. I,
Verona 27-28-29 IX 1948,
Milano (1953).

873. DE LOS MOSOS, J. L.:
s.v. Budaeus, Guilelmus (Guillame Budé) (1467 - 1540),
[in:] Kleinheyer/Schröder: DEJ, Heidelberg (2008), p. 489.

874. DE MEDIO, A.:
I tribonianismi avvertiti da Antonio Fabro,
BIDR 13 (1900), p. 208 - 242.

875. DE MEDIO, A.:
Di nuovo sui tribonianismi avvertiti da Antonio Fabro,
BIDR 14 (1901), p. 276 - 284.

876. DE ROBERTIS, A.:
La interpretazione del corpus iuris in Oriente e in Occidente,
Napoli (1984), VIII+220 p.

877. DE VISSCHER, F.:
Le Digeste: Couronnement de la politique des Empereurs vis-à-vis des Prudentes,
Conferenze, Milano (1931), p. 53 - 77.

878. DE ZULUETA, F.:
Don Antonio Agustín,
Glasgow (1939).

879. DEL VECCHIO, A.:
Di Irnerio e della sua scuola,
Pisa (1869).

880. DECIUS, Ph.:
Commentaria in Digestum Vetus et Codicem,
Lugduni (1527), 134+88 p.;
Venetiis (1572);
Venetiis (1593);
Venetiis (1609), 277 p.

881. DI BENEDETTO, F.:
Leonzio, Omero e le “Pandette“,
Italia medioevale e umanistica, 12 (1969), p. 53 - 112.

882. DI MARZO, S.:
Sulla compilazione dei Digesti di Giustiniano. A propòsito di recenti pubblicazioni,
Circolo giuridico, Palermo 32 (1901).

883. DINUS de MUXELLO:
Super Infortiato et Digesto novo,
Lyon (1513).
reed. Opera iuridica rariora, Tom. XVII,
Bologna (1971).

884. DIÓSDI, G.:
Das Gespenst der Prädigesten,
Labeo 17 (1971), p. 187 - 192.
rec. P. BLAHO, Právny obzor, Bratislava 57 (1974), p. 177 - 178.

885. DIRKSEN, H. E.:
Hinterlassene Schriften zur Kritik und Auslegung der Quellen römischer Rechtsgeschichte und Altertumskunde,
Leipzig (1871).
reed. Leipzig (1973), VIII+344 p.; IV+551 p.

886. DOLEZALEK, G.:
Neue Handschriftenfunde aus Modena,
TR 34 (1966), p. 407 - 409.

887. DOLEZALEK, G.:
Der Glossenapparat des Martinus Gosia zum Digestum Novum,
ZSS 84 (1967), p. 245 - 349.

888. DOLEZALEK, G.:
Azos verschollener Glossenapparat zu den Tres Partes,
ZSS 85 (1968), p. 403 - 413.

889. DOLEZALEK, G.:
Azos Glossenaparat zum Infortiatum,
Ius Commune 3 (1970), p. 186 - 208.

890. DOLEZALEK, G.:
s.v. Glossatoren,
[in:] M. Landfester/H. Cancik/H. Schneider (eds.): Der Neue Pauly. Enzyklopädie der Antike, Tom. 14,
Stuttgart-Weimar (2000), col. 220 - 226.

891. DOMAT, J.:
Legum delectus ex libris Digestorum et Codicis ad usum scholae et fori. Accesserunt singulis legibus suae summae earum sententiam brevi complexae,
Paris (1700, 1701), 770 p.;
reed. Luxembourg (1702);
reed. Amsterdam (1703), 20+628 p.;
reed. Paris (1713, 1723, 1732, 1735, 1745, 1747, 1756, 1766, 1767), XXIX+952 p.;
reed. Paris (1771), XXV+905 p.;
reed. Senis (1776);
reed. Venetiis (1785), XVI+540 p.;

892. DONELLUS, H.:
Commentarii de Iure Civili, Vol. octavum,
Norimbergae (1825), 576 p.

893. DORN, F.:
s.v. Accursius (1181/85-1259/63),
[in:] Kleinheyer/Schröder: DEJ, Heidelberg (2008), p. 13 - 17.

894. DORN, F.:
s.v. Azo (vor 1190 - 1220),
[in:] Kleinheyer/Schröder: DEJ, Heidelberg (2008), p. 35 - 40.

895. DORN, F.:
s.v. Irnerius (vor 1100-nach 1125),
[in:] Kleinheyer/Schröder: DEJ, Heidelberg (2008), p. 220 - 221

896. DYDYŃSKI, T.:
Latinsko-russkij slovar k istočnikam rimskogo prava,
2. ed., Moskva (1896), 560 p.

897. EBRARD, F.:
Das zeitliche Rangverhältnis der Konstitutionen De confirmatione Digestorum ‚Tanta' und ‚Δέδωκεν',
ZSS 40 (1919), p. 113 - 135.

898. EBRARD, F.:
Die Entstehung des Corpus Iuris nach den acht Einführungsgesetzen des Kaisers Justinian,
Schweizerische Beiträge zur allgemeinen Geschichte 5 (1947), p. 28 - 76.
rec. M. KASER, ZSS 67 (1950), p. 568 - 573.

899. EBRARD, F.:
Das Theodosische Projekt eines "Predigesto",
St E. Albertoni, Tom. I, Milano (1953), p. 581 - 586.

900. EBRARD, F.:
Digestenbände,
ZSS 70 (1953), p. 399 - 404.

901. EBRARD, F.:
Digestenbände,
L'Europa e il diritto romano. St P. Koschaker, Tom. I,
Milano (1954), p. 179 - 186.

902. F. D.:
s.v. Martinus Gosia (gest. zwischen 1158 und 1166),
[in:] Kleinheyer/Schröder: DEJ, Heidelberg (2008), p. 518.

903. FABER, A. (FAURE):
Rationalia in Pandectas,
Lugduni (1604), 835 p.,
Genevae (1619);
Genevae (1626);
Lugduni (1659).

904. FABER, A.:
Rationalia in primam et secundam et Tertiam Partem Pandectarum,
Coloniae Allobrogum (1619);
Genevae (1624);
Coloniae Allobrogum (1624);
Genevae (1626).

905. FADDA, C.:
Sulla prima parte dei Digesti,
Filangieri, Milano 34 (1909).

906. FALCHI, G. L.:
Sul possibile coordinamento tra le masse bluhmiane e le partes del Digesto,
SDHI 49 (1983), p. 51 - 90.

907. FALCHI, G. L.:
Gli spostamenti fuori massa dei frammenti del Digesto,
Sodalitas. Scritti A. Guarino, Tom. VI,
Napoli (1984), p. 2691 - 2715.

908. FALCHI, G. L.:
Osservazioni sulle L'Decisiones di Giustiniano,
St A. Biscardi, Tom. V,
Milano (1984), p. 121 - 150.

909. FALCHI, G. L.:
Digesto e masse Bluhmiane,
Labeo 35 (1989), p. 98 - 103.

910. FALCHI, G. L.:
Sulla codificazione del diritto romano nel V e VI secolo,
Roma (1989), 248 p.

911. FALLY, C. (CF):
s.v. Mos Gallicus, Mos Italicus,
[in:] Olechowski/Gamauf: RRR,
Wien (2006), p. 315.

912. FEENSTRA, R.:
Quelques remarques sur le texte de la Glose d'Accurse sur le Digeste vieux,
[in:] La critica del testo, Firenze (1971), p. 205 - 225.

913. FEENSTRA, R.:
Une édition inconnue des "Distinctiones super Digesto veteri" de Lambert de Salins, paru sous le nom de Lambertus de Ramponibus,
Recueil de mémoires et travaux publié par la Société d'histoire du droit et des institutions des anciens pays de droit écrit, 7, Mélanges P. Tisset, p. 185 - 194.
reed. R. F.: Fata iuris romani. Etudes d'histoire du droit. Leidse juridische reeks 13, Leyde (1974), p. 173 - 182.

914. FEENSTRA, R.:
Hugues Doneau et les juristes néerlandais du XVIIe siècle: L'influence de son „système" sur l'évolution du droit privé avant le Pandectisme,
[in:] Actes du Colloque Jacques Godefroy, (1991), p. 231 - 243.

915. FEENSTRA, R.:
De Digesten van Justinianus,
LAMPAS. Tijdschrift voor nederlandse classici, Amsterdam 26 (1993), p. 411 - 424.

916. FEENSTRA, R.:
s.v. Brenkman, Henrik (1681 - 1736),
[in:] Stolleis. Juristen, p. 99 - 100.

917. FEENSTRA, R.:
s.v. Keessel, Dionysius Godefridus van der (1738 - 1816),
[in:] Stolleis: Juristen, p. 353.

918. FEENSTRA, R.:
s.v. Schultingh, Anton (1659 - 1734),
[in:] Stolleis: Juristen, p. 564 - 565.

919. FERRINI, C.:
Il Digesto,
Milano (1893), VI+133 p.

920. FERRINI, C.:
Intorno ai passi comuni ai Digesti e alle Istituzioni,
Rendiconti del R. Istituto Lombardo di Scienze e Letttere, Milano (1889), p. 825 - 840.

921. FIORELLI, P.:
Le Pandette dal Palazzo alla Libreria,
[in:] Le Pandette, Firenze (1986), p. 131 - 141.

922. FITTING, H.:
Juristische Schriften des früheren Mittelalters,
Halle (1876), VI+228 p.
reed. Aalen (1965), VIII+228 p.

923. FITTING, H.:
Die Anfänge der Rechtsschule zu Bologna,
Berlin-Leipzig (1886), 129 p.;
transl. Les Commencements de l'École de droit de Bologne,
Paris (1888), XIV+136 p.
reed. Berlin (1978), VII+129 p.
reed. Frankfurt am Main (1978), 129 p.
reed. Berlin (1988), 129 p.

924. FITTING, H.:
Ueber neue Beiträge zur Geschichte der Rechtswissenschaft im frühen Mittelalter,
ZSS 8 (1887), p. 1 - 90.

925. FITTING, H.:
Über das Alter der Schriften römischer Juristen von Hadrian bis Alexander,
Basel (1860), 55 p.

926. FITTING, H.:
Bernandus Cremonensis und die lateinische Übersetzung des Griechischen in den Digesten,
(Sitzungsberichte d. Akad. d. Wiss. Berlin, 2. Halbband), Berlin (1894), p. 813 - 820.

927. FLECHSIG, E.:
Gregor Haloander: ein Beitrag zur civilistischen Literatur-Geschichte des sechzehnten Jahrhunderts,
Zwickau (1872), 23 p.

928. FOURNIER, P.:
Un tournant de l'histoire du droit, 1060 - 1140,
NRH 41 (1917), p. 129 - 180.

929. FRIED, J.:
Die Entstehung des Juristenstandes im 12. Jahrhundert: zur sozialen Stellung und politischen Bedeutung gelehrter Juristen in Bologna und Modena,
Köln (1970), 292 p.;
Köln (1974), 292 p.;
rec. G. DILCHER, Historische Zeitschrift 225, 2 (1977), p. 427 - 430.

930. FRITZ, K. H.:
Studien zur justinianischen Reformgesetzgebung,
Berlin (1937), 66 p.

931. FUCHS, C:
Kritische Studien zum Pandektentexte,
Leipzig (1867), 110 p.

932. FURLONG, P.:
Justinian and Mathematics: An Analysis of the Digest's Compilation Plan,
Australian Journal of Legal History, 9, 1 (2005), p. 85 - 117.

933. GALLO, F.:
La codificazione giustinianea,
Index 14 (1986), p. 33 - 46.

934. GARCIA GARRIDO, M. J.:
Similitudines e masse bluhmiane,
OIR 4 (1998), p. 157 - 168.

935. GARCIA GARRIDO, M. J.:
Bartolo de Saxoferrato (1313/1314 - 1357),
[in:] R. Domingo (ed.): Juristas universales I. Juristas antiguos, Madrid (2004), p. 524–530.

936. GENZMER, E.:
Die justinianische Kodifikation und die Glossatoren,
Atti del Congr., Tom. I,
Pavia (1934), p. 345 - 430.

937. GENZMER, E.:
Zur Lebensgeschichte des Accursius,
[in:] Fs L. Wenger, Tom. II (Münchener Beiträge zur Papyrusforschung und antiken Rechtsgeschichte, 35), München (1945), p. 223 - 241.

938. GENZMER, E.:
Gli Apparati di Azzone al Digestum Novum 50, 17, 1,
[in:] Annali de storia del diritto, Tom. I, (1957), p. 7 - 11.

939. GIUFFRÉ, V.:
Le origine delle rubriche dei Digesta,
Labeo 10 (1964) p. 296 - 307.

940. GLASSON, E.:
Nouvelle édition des Pandectes de Mommsen, Bibliographie de droit romain,
RHD 14 (1868), p. 488.

941. GODEFROY (GOTHOFREDUS), D.:
De ratione ordinis a iurisconsulto in Pandectis, Codice et Institutionibus servati,
Genevae (1580), 79 p.

942. GODEFROY (GOTHOFREDUS), J.:
Pandectarum praxeos civilis liber primus et secundus ex antiquis et recentioribus authoribus[...] qui de re practica ex professo,
Francofurti ad Moenum (1591).

943. GRADENWITZ, O.:
Theodor Mommsen,
ZSS 25 (1904), p. 1 - 31.

944. GUALANDI, G.:
Glosse preaccurisane el "Digestum Novum" in frammenti membranacei della Bibliothèque Royale di Bruxelles, (Ms. II, 1768),
[in:] Atti della Academia nazionale dei Lincei, Memorie, Classe di scienze morali, storiche e filologiche, series 8ª, VII (1956), p. 289 - 342.

945. GUALANDI, G.:
Legislazione imperiale e giurisprudenza I - II,
Milano (1963), 625+211 p.

946. GUARINO, A.:
La compilazione delle Digesta Iustiniani,
Atti Acc. Napoli sc. e pol.
Napoli 79 (1968), p. 527 - 562.

947. GULAZZINI, U.:
Glosse preaccursiane al Digestum Vetus,
St G. Donatuti, Tom. I, Milano (1973), p. 455 - 478.

948. H. N.:
s.v. Faber, Antonius (Antoine Favre, auch: Fabre) (1557 - 1624),
[in:] Kleinheyer/Schröder: DEJ, Heidelberg (2008), p. 496.

949. HARTWIG, V.:
Zur Abfassungszeit der Glosse des Accursius,
ZSS GA 12 (1876), p. 316.

950. HAUBOLD, Chr. G.:
Doctrinae Pandectarum Lineamenta cum locis classicis iuris in primis Iustinianei et selecta Litteratura maxime forensi in Usum Praelectionum adumbravit Chr. G. Haubold,
Lipsiae (1820).
reed. Frankfurt a. M. (2010), XXII+525 p.

951. HEINECCIUS, J. C.:
Antiquitatum Romanarum jurisprudentiam illustrantium syntagma secundum ordinem institutionum Justiniani digestum,
Halae - Magdeburgicae (1719);
Argentorati (1724);
Argentorati (1730), 562+386 p.;
Argentorati (1734);
Venetiis (1737), XXIV+562+455 p.;
Argentorati (1741);
Basileae (1742);
Venetiis (1744),
Traiecti ad Rhenum (1745);
Basileae (1752);
Argentorati (1755);
Neapoli (1764), 920 p.;
Venetiis (1764); XXIV+562+455 p.;
Venetiis (1767);
Genevae (1768), XII+688 p.;
Venetiis (1771), XXIV+562+455 p.;
Francofurti ad Moenum (1771);
Francofurti ad Moenum (1777); XXXI+750 p.;

Leovardiae et Franequerae (1777), XXXI+750 p.;
Venetiis (1782); XXIV+562+455 p.;
Venetiis (1788);
Venetiis (1792);
Venetiis (1796);
Venetiis (1797);
Francofurti ad Moenum (1822), XXVI+960 p.;
Venetiis (1826), 377+428 p.;
Neapoli (1828);
Francofurti ad Moenum (1841), XXX+841 p.

952. HEINECCIUS, J. G.:
Elementa iuris civilis secundum ordinem pandectarum,
Amstelodami (1728), XXIV+582 p.;
Amstelodami (1731), XIV+582+232+120 p.;
Argentorati (1732), XIV+582+232+120 p.;
Venetiis (1737), XXIV+707+516 p.;
Amstelodami (1740), XXVIII+552+360 p.;
Venetiis (1746), XXIV+707+516 p.;
Francofurti ad Moenum (1747), 552+350 p.;
Genevae (1747), XVI+812 p.;
Gottingae (1749), XVI+528 p.;
Francofurti ad Moenum (1757), 592+368 p.;
Venetiis (1764), XXXIV+400+XXXVI+496 p.;
Neapoli (1764), XXXIV+400+XXXVI+496 p.;
Friburgi Brisgoviae (1765);
Venetiis (1766), XXIV+530+471 p.;
Lipsiae (1767), XXII+664+400 p.;
Genevae (1768), XX+812+224 p.;
Francofurti ad Moenum (1770), 592+368 p.;
Traiecti ad Rhenum (1772);
Lipsiae (1775), 510+328 p.;
Rotterodami (1778);
Viennae (1779);
Venetiis (1791), 456+552 p.;
Lipsiae (1797), XXIV+552+392 p.;
Venetiis (1818);
Neapoli (1823), 456+539 p.;
Venetiis (1826), 336+391 p.;
Bassani (1835), 390+475 p.;
transl. Elementi di dritto civile romano giusta l'ordine delle Pandette, transl. G. Fina, Napoli (1855);
Bassano del Grappa (1858), 390+475 p.;
reed. Frankfurt am Main (2010), XI+812 p.

953. HEIMBACH, K. W. E.:
Über den Nutzen der Basiliken und der sogenannten alten Scholien für die Kritik des Digestentextes,
Zeitschrift für Rechtsgeschichte 2 (1863), p. 319 - 366.

954. HOEFLICH, M. H.:
An Aborted Attempt to Translate Justinian's Digest in Antebellum America,
ZSS 122 (2005), p. 196 - 202.

955. HEUMANN, H. G.:
Handlexicon zum Corpus juris civilis. Nach den Quellen bearbeitet,
Jena (1846), IV+563 p.
reed. Franfurt a. M. (2014).

956. [HEUMANN, H. G./SECKEL, E.:]
Heumanns Handlexicon zu den Quellen des römischen Rechts, 9. ed. neu bearbeitet von E. Seckel,
Jena (1907), XVIII+643 p.
10. ed., Graz (1958).
reed. Franfurt a. M. (2007).

957. vacat

958. HILLNER, G.:
Anhang IIII, p. 35 zu Mommsens Editio maior. Versio vulgata Modestiniarum (Dig. Lib. XXVI u. XXVII),
ZSS 123 (2006), p. 343 - 348.

959. HILLNER, G.:
Theodor Mommsen, Digesta Iustiniani Augusti, Praefationes minores von 1866 und 1868, Übersetzt von G. Hillner,
ZSS 126 (2009), p. 461 - 481.

960. HOFMANN, F.:
Die Zahlenspielerei in der Einleitung der Digesten,
Zeitschrift für Rechtsgeschichte 11 (1873), p. 340 - 351.

961. HOFMANN, F.:
Die Compilation der Digesten Justinians. Kritische Studien, hrsg. von I. Pfaff,
Wien (1900), V+233 p., tab.
rec. Th. MOMMSEN, ZSS 22 (1901), p. 1 - 11.
P. KRÜGER, ZSS 22 (1901), p. 12 - 49.
R. EHRENZWEIG, Grünhuts Zeitschrift f. d. Privat- und Öffentliches Recht der Gegenwart, (1901), p. 313 - 319.
J. VANČURA, Sborník věd právních a státních, Praha 2 (1902), p. 147 - 148.
C. LONGO, BIDR 19 (1907), p. 132 - 160.
P. JÖRS, PWRE 5. Bd., Stuttgart (1903 - 1905), p. 497 - .

962. HOLTHÖFER, E.:
s.v. Baudouin (Balduinus), François (1520 - 1573),
[in:] Stolleis: Juristen, p. 68 - 71.

963. HOLTHÖFER, E.:
s.v. Doneau (Donellus), Hugo (1527 - 1591),
[in:] Stolleis: Juristen, p. 182 - 184.

964. HOLTHÖFER, E.:
s.v. Godefroy (Gothofredus), Denis (1549 - 1622),
[in:] Stolleis: Juristen, p. 248.

965. HOLTHÖFER, E.:
s.v. Godefroy (Gothofredus), Jacques (1587 - 1652),
[in:] Stolleis: Juristen, p. 248 - 250.

966. HONORÉ, A. M.:
Textual chains in the Digest,
ZSS 80 (1963), p. 362 - 378.

967. HONORÉ, A. M.:
Justinian's Digest - Work in Progress, Inaugural lecture,
Oxford (1971),
reed. Law Quarterly Review, 88 (1972), p. 30 - 56.
reed. Aalen (1983), 35 p.

968. HONORÉ, A. M.
Justinian's Digest: Following the Trail,
Law Quarterly Review 88 (1972), p. 530 – 542.

969. HONORÉ, A. M.:
The Editing of the Digest Titles,
ZSS 90 (1973), p. 262 – 304.

970. HONORÉ, A. M.:
The background to Justinian's Codification,
Tulane Law Review 48 (1974), p. 859 – 893.

971. HONORÉ, A. M.:
Labeo's Posteriora and the Digest commission,
[in:] A. Watson (ed.): Daube Noster. Essays in Legal History for David Daube,
Edinburgh-London (1974), p. 161 – 181.

972. HONORÉ, A. M.:
How Tribonian Organised the Compilation of Justinian's Digest,
ZSS 121 (2004), p. 1 – 43.

973. HONORÉ, A. M./RODGER, A.:
How the Digest Commissioners Worked,
ZSS 87 (1970), p. 246 – 314.

974. HONORÉ, A. M./RODGER, A.:
The Distribution of Digest Texts into Titles,
ZSS 89 (1972), p. 351 – 362.

975. HONORÉ, T.:
Duplicate Texts and the Compilation of the Digest,
Oxford Legal Studies Research Paper No. 29/2008, 13 p.

976. HONORÉ, T.:
Justinian's Digest, Character and Compilation,
Oxford (2010), 238 p.
rec. T. WALLINGA, Edinburgh Law Review 16, 1 (2012), p. 119 – 121.
A. LEWIS, The Modern Law Review 74, 3 (2011), p. 479 – 482.

977. HONORÉ, T./MENNER, J.:
Concordance to the Digest Jurists,
Oxford (1980), IX+65 p.

978. HRDLIČKA, V.:
1400. výročí Digest,
[in:] M. Boháček (ed.): Otakar Sommer. K prvému výročí jeho smrti,
Turnov (1941), p. 171 - 179.

979. HUBER, U.:
Praelectionum juris civilis tomi tres secundum Institutiones et Digesta Justiniani Accedunt Ch. THOMASII Additiones, Tom. I - II - III,
Franequerae (1688 - 1690);
Franequerae (1699), 609 p.;
Franequerae (1700);
Lipsiae (1707), 474+486+538 p.;
Lipsiae (1735);
Francofurti (1749);
Lovanii (1766), 514+542+738 p.;
Neapoli (1784 - 1788);
Maceratae (1838 - 1839);
reed. Frankfurt a. M., 14+516 p.; 20+515 - 1026 p.; 16+1027 - 1590 p.

980. HUBER, U.:
Praelectionum juris civilis tomi tres secundum Institutiones et Digesta Justiniani, Tom. I,
Maceratae (1838).

981. HUCHTHAUSEN, L.:
Einleitung,
[in:] L. Huchthausen (ed.): Römisches Recht in einem Band, Berlin-Weimar (1975),
p. XXXIV - XLVIII [Digesta].

982. HUGO, G.:
Der von Bluhme entdeckten Reihen sind vier,
Civilistisches Magazin 6 (1837), p. 512 - 523.

983. HUSCHKE, E.:
Zur Pandektenkritik. Ein Versuch, sie auf festere wissenschaftliche Grundsätze zurückzuführen,
Leipzig (1875), 105 p.

984. HÜBNER, H. (H. Hb.):
s.v. 4. C. iuris civilis,
[in:] C. Andresen (e.a., ed.): Lexikon der Alten Welt, Bd. 1,
Augsburg (1995), col. 670 - 672.

985. JAKOBS, H. H.:
Petitorium et possessorium in eodem libello intendere. D. 5, 1, 37 und C. 3, 32, 13 in der Lectura des Odofredus, bei Azo in der glossa ordinaria,
ZSS 115 (1998), p. 323 - 354.

986. JAKOBS, H. H.:
Studien zur Geschichte des Textes der glossa ordinaria,
[in:] H. H. Jacobs e.a. (eds.): Fg W. Flume,
Berlin (1998), p. 99 - 154 (= Ernst: WRR, Goldbach (2004), p. 239 - 294).

987. JAKOBS, H. H.:
Die große Zeit der Glossatoren,
ZSS 116 (1999), p. 222 - 258.

988. JAKOBS, H. H.:
Or signori! Die accursische Glosse als apparatus joannis et azonis in Odofredus' Lectura super Digesto veteri,
ZSS 117 (2000), p. 311 - 423.
(= Ernst: WRR, Goldbach (2004), p. 295 - 407.)

989. JAKOBS, H. H.:
Odofredus und die Glossa ordinaria,
[in:] F. Dorn/J. Schröder (eds.): Fs G. Kleinheyer,
Heidelberg (2001), p. 271 - 352. (= Ernst: WRR, Goldbach (2004), p. 409 - 489.)

990. JAKOBS, H. H.:
Das Ende des Digestum vetus,
ZSS 120 (2003), p. 1 - 41.
(= Ernst: WRR, Goldbach (2004), p. 197 - 237.)

991. JAKOBS, H. H.:
Studien zur Geschichte des Textes der glossa ordinaria,
[in:] W. Ernst: WRR, Goldbach (2004), p. 239 - 294.

992. JAKOBS, H. H.:
Magna Glossa. Textstufen der legistischen Glossa ordinaria, (Rechts- und Staatswissenschaftliche Veröffentlichungen der Görres-Gesellschaft, N. F. 114),
Paderborn (2006), 302 p.
rec. J. HALLEBEEK, TR 75, 4 (2007), p. 409 - 411.
G. KÖBLER, ZSS GA 124, 1 (2007), p. 492.

993. JAKOBS, H. H.:
Tignum iunctum und Pandektenkritik,
ZSS 124 (2007), p. 198 - 289.

994. de JONG, H.:
Stephanus en zijn Digestenonderwijs,
Amsterdam (2008), XV+408 p.
rec. A. J. B. SIRKS, TR 77 (2009), p. 259 - 260.
F. BRANDSMA, ZSS 131 (2014), p. 520 - 525.

995. JÖRS, P.:
s.v. Digesta,
PWRE, Stuttgart (1905), V. Bd., col. 484 - 543.

996. KAISER, W.:
Digestenentstehung und Digestenüberlieferung. Zu neueren Forschungen über die Bluhme'schen Massen und der Neuausgabe des Codex Florentinus,
ZSS 108 (1991), p. 330 - 350.

997. KAISER, W.:
Studien zur Epitome Juliani und zum Berliner Institutionen- und Digestenfragment,
München (1996), XIV+276 p.

998. KAISER, W.:
s.v. Digesten/Überlieferungsgeschichte,
[in:] M. Landsfester/H. Cancik/H. Schneider (eds.): Der Neue Pauly. Enzyklopädie der Antike, Tom. 13: Rezeptions- und Wissenschaftsgeschichte,
Stuttgart-Weimar (1999), col. 845 - 852.

999. KAISER, W.:
Zur Rekonstruktion einer vornehmlich bussrechtlichen Handschrift aus Bobbio,
ZSS 117, Kan. Abt. 86 (2000), p. 538 - 553.

1000. KAISER, W.:
Die Epitome Iuliani. Beiträge zum römischen Recht im frühen Mittelalter und zum byzantinischen Rechtsunterricht,
Frankfurt a. M. (2004), XXIV+1006 p.

1001. KAISER, W.:
Wandlungen im Verständnis der Epitome Iuliani von der Spätantike bis zur Gegenwart,
[in:] M. Avenarius (ed.): Hermeneutik der Quellentexte des Römischen Rechts,
Köln (2008), p. 300 - 353.

1002. KAISER, W.:
Die Lücken in D. 48, 20 und D. 48, 22,
[in:] M. Armgardt/F. Klinck/I. Reichard (eds.): Liber amicorum Chr. Krampe,
(Freiburger Rechtsgesch. Abh., NF, Bd. 68),
Berlin (2013), p. 147 - 172.

1003. KAISER, W.:
Spätantike Rechtstexte in agrimensorischen Sammlungen,
ZSS 130 (2013), p. 273 - 347 (332 - 345).

1004. KAISER, W.:
Ius commune. Rechtstradition der Europäischen Länder. Rechtsquellen,
ZSS 131 (2014), p. 609 - 613.

1005. KALB, H. (HK):
s.v. Glossatoren,
[in:] Olechowski/Gamauf: RRR,
Wien (2006), p. 182 - 183.

1006. KALB, H. (HK):
s.v. Konsiliatoren,
[in:] Olechowski/Gamauf: RRR,
Wien (2006), p. 261.

1007. KAMP, J. L. J. van de:
Bartolus de Saxoferrato, 1313 - 1357; leven, werken, invloed, beteekenis,
Amsterdam (1936), XI+296 p.

1008. KANTOROWICZ, H. U.:
Kritische Studien. (Zur Quellen- und Literaturgeschichte des römischen Rechts im Mittelalter),
ZSS 49 (1929), p. 55 - 114.

1009. KANTOROWICZ, H. U.:
Accursio e la sua biblioteca,
Rivista di storia del diritto italiano, Tom. II, (1929), p. 35 - 62, 193 - 212.

1010. KANTOROWICZ, H. U.:
Die Allegationen im späteren Mittelalter,
Archiv für Urkundenforschung 13 (1933), p. 15 - 29.
(= H. Coing/G. Immel (eds.): H. U. K. Rechtshistorische Schriften (1970), p. 81 - 92).
transl. W. H. BRYSON, Dictionary of Sigla and Abbreviations to and in Law Books before 1607, Charlottesville (1975), p. 3 - 16.
reed. E. Schrage (ed.): Das römische Recht im Mittelalter,
Darmstadt (1987), p. 71 - 88.

1011. vacat

1012. KANTOROWICZ, H. U.:
The Quaestiones Disputatae of the Glossators,
TR 16 (1935), p. 1 - 67.

1013. KANTOROWICZ, H. U./BUCKLAND, W. W.:
Studies in the Glossators of the Roman Law. Newly Discovered Writings of the Twelfth Century,
Cambridge (1938), XVI+323 p.
rec. M. RADIN, Columbia Law Review 39, 7 (1939), p. 1272 - 1275.
J. P. HUMPHREY, The University of Toronto Law Journal 3, (1940), p. 459 - 460.

reed. P. Weimar (ed.), Aalen (1969), XVI+355 p.
rec. H. LANGE, ZSS 88 (1971), p. 560 - 562.

1014. KEJŘ, J.:
Digestum vetus v rukopise Západočeského muzea v Plzni,
[in:] Studie o rukopisech, Praha 18 (1979), p. 187 - 191.

1015. KISCH, G.:
Erasmus und die Jurisprudenz seiner Zeit. Studien zum humanistischen Rechtsdenken,
Basel (1960), XIX+560 p., bibl., reg., i.

1016. KISCH, G.:
Bartolus und Basel,
Basler Studien zur Rechtswissenschaft, Heft 54,
Basel (1960), 108 p.

1017. KISCH, G.:
Haloander-Studien,
[in:] G. Kisch (ed.): Gestalten und Probleme aus Humanismus und Jurisprudenz,
Berlin (1969), p. 199 - 240.

1018. KLENER, H.:
Der Jurist,
[in:] J. Kuczynski: Theodor Mommsen: Porträt eines Gesellschaftswisseschaftlers,
(Studien zu einer Geschichte der Gessellschaftswissenschaften 9),
Berlin (1978), p. 182 - 242.

1019. KLÍMA, J.:
K 1400-tému výročí Digest,
Všehrd. List českých právníků, Praha 12 (1931), p. 94 - 97.

1020. KNÜTEL, R.:
Zur Wirkungsgeschichte des Corpus iuris civilis,
[in:] O. Behrends/R. Knütel/B. Kupisch/H. H. Seiler: Corpus iuris civilis. Text und Übersetzung, Bd. II: Digesten 1 - 10, Heidelberg (1995), p. XIII - XXII.

1021. KNÜTEL, R.:
Christliche Zahlensymbolik im Digestenplan,
ZSS 113 (1996), p. 422 - 430.

1022. KOROŠEC, V.:
Ob štirinajstoletnici digest,
Slovenskeg Pravnik,
Ljubljana (1934), 1 - 2, 11 p.

1023. KÖHN, J.:
"Das Corpus iuris, die Bibel des Egoismus". Über Geschichte und Nachwirkung des römischen Rechts,
Das Altertum, Berlin 26 (1980), p. 177 - 181.

1024. KRAUß, A.:
s.v. Andreas Alciatus (1492 - 1550),
[in:] Kleinheyer/Schröder: DEJ, Heidelberg (2008), p. 17 - 20.

1025. KRAUß, A.:
s.v. Baldus de Ubaldis (1319/1327 - 1400),
[in:] Kleinheyer/Schröder: DEJ, Heidelberg (2008), p. 40 - 44.

1026. KRAUß, A.:
s.v. Bartolus de Saxoferrato (1313/14 - 1357),
[in:] Kleinheyer/Schröder: DEJ, Heidelberg (2008), p. 44 - 48.

1027. KRÜGER, H.:
Die Herstellung der Digesten Justinians und der Gang der Exzerption,
Münster i. W. (1922), VIII+203 p., reg.
rec. E. H. KADEN, ZSS 44 (1924), p. 573 - 580.

1028. KRÜGER, H.:
Römische Juristen und Ihre Werke,
[in:] St P. Bonfante, Tom. II,
Milano (1930), p. 317 - 326.

1029. KRÜGER, P.:
Ueber die Zusammensetzung der Digestenwerke,
ZSS 7 (1886), 2. Heft, p. 94 - 106.

1030. KRÜGER, P.:
Neue Paulus-Bruchstücke aus Aegypten,
ZSS 18 (1897), p. 224 - 226.

1031. KRÜGER, P.:
Über die jüngst erschienene Lichtdrucke juristischer Handschriften,
ZSS 31 (1910), p. 1 - 7.

1032. KRÜGER, P.:
Bemerkungen über die Gestaltung der Auszüge in Justinians Digesten,
ZSS 31 (1910), p. 7 - 13.

1033. KRÜGER, P.:
Digestenausgabe,
(1911).

1034. KRÜGER, P.:
Bemerkungen zur Benutzung der Ausgaben von Justinians Digesten,
[in:] Fsg K. Bergbohm,
Bonn (1919), p. 1 - 12.

1035. KUCHARSKÝ, P.:
s.v. DIGESTA,
[in:] Slovník antické kultury,
Praha (1974), p. 152.

1036. KUNKEL, W.:
Mommsen als Jurist,
Chiron. Mitteilungen der Kommission für Alte Geschichte und Epigraphik
des Deutschen Archäologischen Instituts, München 14 (1984), p. 369 - 380.

1037. KUPISCH, B.:
Julian. lib. sing. de ambig. D. 34, 5, 13(14), 2 - 3: Grenzen der Übersetzung,
[in:] M. J. Schermaier/J. M. Rainer/L. C. Winkel (eds.): Iurisprudentia universalis.
Fs Th. Mayer-Maly,
Köln-Weimar-Wien (2002), p. 363 - 377.

1038. KUYPERS, B.:
Justinians Verbot der Digestenkommentierung,
Bonn (1986), XXXI+80 p.

1039. KUTTNER, S.:
An Implied reference to the Digest in Pope Agatho's Roman Synod of 679,
ZSS 107 (1990), p. 382 - 384.

1040. KÜBLER, B.:
Emendationen des Pandektentextes,
ZSS 11 (1890), p. 45 – 52.

1041. KÜBLER, B.:
Die klassischen Juristen und ihre Bedeutung für die Rechtsentwicklung,
[in:] Conferenze, p. 105 – 129.

1042. LANDSBERG, E.:
Die Glosse des Accursius und ihre Lehre vom Eigenthum. Rechts- und Dogmengeschichtliche Untersuchung,
Leipzig (1883), XXI+348 p.

1043. LANDSBERG, E.:
Das Madrider Manuscript von Azos Quaestiones,
ZSS 10 (1889), p. 145 – 146.

1044. LAUTERBACH, W. A.:
Collegium theoretico-practicum Pandectarum, Tom. I – II – III – IV,
Tübingen (1690, 1706, 1711, 1714),
reed. Frankfurt a. M., IV+1436 p.; X+1340 p.; IV+1552 p.; Index, 332 p.

1045. LEICHT, P. S.:
Ravenna e Bologna,
[in:] Atti del Congr., Pavia (1934), p. 277 – 290.

1046. LENEL, O.:
PALINGENESIA IURIS CIVILIS. IURIS CONSULTORUM RELIQUIAE QUAE IUSTINIANI DIGESTIS CONTINENTUR CETERAQUE IURIS PRUDENTIAE CIVILIS FRAGMENTA MINORA SECUNDUM AUCTORES ET LIBROS DISPOSUIT, VOL. PRIUS,
Lipsiae (1889), 1309 col.,
reed. Graz (1960).
reed. Aalen (1961 mit Nachträgen von L. E. SIERL).
reed. Frankfurt a. M. (2006), 1308 col.

1047. LENEL, O.:
PALINGENESIA IURIS CIVILIS. IURIS CONSULTORUM RELIQUIAE QUAE IUSTINIANI DIGESTIS CONTINENTUR CETERAQUE

IURIS PRUDENTIAE CIVILIS FRAGMENTA MINORA
SECUNDUM AUCTORES ET LIBROS DISPOSUIT,
VOL. ALTERUM,
Lipsiae (1889), 1264 col.
reed. Graz (1960).
reed. Aalen (1961 mit Nachträgen von L. E. SIERL).
reed. Frankfurt a. M. (2006), 1260 col.

1048. LENEL, O.:
Zur Entstehung der Digesten,
ZSS 34 (1913), p. 373 - 390.

1049. LEYEN, von der:
Ein Index zu den Digesten,
ZSS 4 (1883), p. 125 - 129.

1050. LEYSER, A.:
Meditationes ad Pandectas, Tom. I–XIII,
Helmstadii (1713);
Lipsiae (1717), VIII+720 p.;
Lipsiae (1722, 1723, 1725, 1727, 1728, 1732, 1733, 1734, 1735, 1737, 1739, 1740, 1741, 1742, 1743, 1744, 1746, 1747, 1748, 1749, 1751, 1761, 1762, 1772, 1774, 1776, 1782, 1786, 1802);
Halae (1772, 1773, 1774, 1775, 1780);
Gissae (1774, 1776, 1780, 1781, 1802);
Franckenthalii (1778, 1779, 1780, 1781, 1783);
Francofurti ad Moenum (1778, 1781).

1051. LOKIN, J.:
Habent sua fata Basilica. On the Occasion of the Completion
of the Groningen Basilica Edition,
Subseciva Groningana 3 (1989), p. 1 - 10.

1052. LOKIN, J.:
Een verdwenen inleidingsconstitutie,
Fundamina: A Journal of Legal History 11 (2005), p. 229 - 234.

1053. LONGO, C.:
Vocabolario delle costituzioni latine di Giustiniano,
BIDR 10 (1899), XV+603 p.

1054. LONGO, C.:
Contributo allo studio della formazione delle Pandette,
BIDR 19 (1907), p. 139 – 160.

1055. MAFFEI, D.:
Gli inizi dell'umanesimo giuridico,
Milano (1956), 206 p.

1056. MAFFEI, D.:
La "Lectura super Digesto Veteri" di Cino da Pistoa. Studio sui MSS Savigny e Urb. Lat. 172 (Quaderni di "Studi Senesi", 10),
Milano (1963), VIII+74 p.
rec. S. KUTTNER, Speculum 40 (1965), p. 356 – 358.

1057. MAGANZANI, L.:
Formazione e vicende di un'opera illustre. Il Corpus Iuris nella cultura del giurista Europeo,
Torino (2002), XII+373 p., reg., i.

1058. MAIOLO, F.:
Medieval Sovereignty. Marsilius of Padua and Bartolus of Saxoferrato,
Delft (2007), X+330 p.

1059. MANTOVANI, D.:
Digesto e Masse Bluhmiane,
(Pubblicazioni dell'Istituto di diritto romano della Univ. degli studi di Milano, 21),
Milano (1987), XII+184 p.
rec. E. KARABÉLIAS, RHD 66 (1988), p. 461.
G. L. FALCHI, Labeo 35 (1989), p. 98.
W. KAISER, ZSS 108 (1991), p. 330 – 350.

1060. MANTOVANI, D.:
Le masse Bluhmiane sono tre,
Seminarios Complutenses de derecho romano,
Madrid 4 (1993), p. 87 – 119.

1061. MANTOVANI, D.:
Cent'anni dalla morte di Hofmann, duecento dalla nàscita di Bluhme,
OIR 4 (1998), p. 169 – 189.

1062. MANTOVANI, D.:
Aggiornamenti sull'Appendix e i tempi di compilazione del Digesto,
[in:] Fides Humanitas Ius. Studii in onore di Luigi Labruna, Tom. V,
Napoli (2007), p. 3181 – 3203.

1063. MANTOVANI, D.:
Costantinopoli non è Bologna. La nàscita del Digesto fra storiografia e storia,
[in:] D. Mantovani/A. Padoa Schioppa (eds.): Interpretare il Digesto. Storia e metodi,
Pavia (2014), p. 105 – 134.

1064. MARIDAKIS, G.:
Zu Justinians Verbot der Digestenkommentierung,
ZSS 73 (1956), p. 369 – 375.
rec. A. BERGER, Labeo 4 (1958), p. 66 – 74.

1065. MAYER-MALY, Th.:
Bemerkungen zum Aufbau der Digestentitel,
[in:] Synteleia Arangio-Ruiz, Tom. II, Napoli (1964), p. 878 – 885.

1066. MAYER-MALY, Th. (Th. M.-M.):
s.v. Digesta,
[in:] K. Ziegler/W. Sontheimer (eds.): Der Kleine Pauly. Lexikon der Antike, Tom. 2,
München (1979), col. 16 – 19.

1067. MAYER-MALY, Th.:
Mommsen versus Hofmann,
OIR 4 (1998), p. 151 – 156.

1068. MEYER-COLLINGS, J. J.:
Eine seltsame Pandektenausgabe,
TR 12 (1933), p. 408 – 420.

1069. MEINHARDT, M.:
Datenverarbeitung im Dienste der Digesten,
[in:] D. Medicus/H. H. Seiler (eds.): Fs M. Kaser,
München (1976), p. 743 – 761.

1070. MOMIGLIANO, A.:
Scipione Maffei e Hendrik Brenkmann: due progetti di collaborazione intellettuale italo-olandese nel Settecento,
Terzo contributo alla storia degli studi classici e del mondo antico, Tom. I,
Roma (1966), p. 179 - .

1071. MOMMSEN, Th.:
Über die kritische Grundlage unseres Digestentextes von 1862,
Jahrbücher des Gemeinen Rechts 5 (1862), p. 407 - 448 (=Th. M.: Gesammelte Schriften, Tom. II, Juristische Schriften, Tom. II,
Berlin (1905), p. 107 - 141).

1072. MOMMSEN, Th.:
Digesta Iustiniani Augusti. Praefatio,
Berlin (1868), LXXXXVI p.

1073. MOMMSEN, Th.:
Die Bedeutung des Wortes digesta,
Zeitschrift für Rechtsgeschichte 7 (1868), p. 480 - 486 (= Th. M.: Gesammelte Schriften, Tom. II. Juristische Schriften, Tom. II, 3. ed., Zürich-Hidelsheim (1994), p. 90 - 96).
rec. H. PERNICE, Miscellanea zu Rechtsgeschichte und Rechtskritik, Prag (1870), p. 1 - 88.

1074. MOMMSEN, Th.:
Hofmann versus Bluhme,
ZSS 22 (1901), p. 1 - 11 (= Th. M.: Gesammelte Schriften, Tom. II. Juristische Schriften, Tom. II, 3. ed., Zürich-Hidelsheim (1994), p. 97 - 106).

1075. MOORSHEIMER, T.:
s.v. Johannes Voet (1647 - 1713),
[in:] Kleinheyer/Schröder: DEJ, Heidelberg (2008), p. 457 - 459.

1076. MOR, C. G.:
Appunti sulla storia delle fonti giuridiche romane da Giustiniano ad Irnerio. Lezione, anno accademico 1936 - 37,
Milano (1937), 124 p.

1077. MOR, C. G.:
La divisione in paragrafi delle leggi del Digesto, (Contributo alla storia della Scuola di Bologna),
Rivista di storia del diritto italiano, Roma 26 - 27 (1953/1954), p. 145 - 162.

1078. MÜLLER, W. P.:
The Recovery of Justinian's Digest in the Middle Ages,
Bulletin of Mediaeval Canon Law, New Series, 20 (1990), p. 1 - 29.

1079. NABER, J. Ch.:
De Pandectarum codicibus bononiensibus,
[in:] Rivista di storia del diritto italiano 7 (1934), p. 274 - 285.

1080. NAGEL, P.:
s.v. Budé (Budaeus), Guillaume (1467/68 - 1540),
[in:] Stolleis: Juristen, München (2001), p. 109 - 110.

1081. NATI, T.:
Adnotationes a Commentarius ad lib. XLVII et XLVIII Digestorum Antonii Mathaei,
Florentiae (1824).

1082. NARDI, E.:
Scritture "terribili",
[in:] Atti della Acad. delle Scienze dell'Istituto di Bologna, Classe di Scienze morali, Bologna 69 (1981), fasc. 1 - 2, p. 61 - 91.

1083. NICKEL, R.:
s.v. Corpus iuris civilis,
[in:] R. Nickel: Lexikon der antiken Literatur, Düsseldorf-Zürich (1999), p. 180 - 181.

1084. NICOLINI, H./d'AMICO, F. S.:
Indices corporis iuris civilis iuxta vetustiones cum criticis collatas, Pars I: Index titulorum, Pars II: Index legum; Pars III: Index paragrapharum,
Milano (1964, 1967, 1970), IX+358; X+633, 635 - 1294, 1295 - 2009; X+636 p.

1085. NITSCHKE, H.:
s.v. Dionysius Gothofredus (1549 - 1622),
[in:] Kleinheyer/Schröder: DEJ, Heidelberg (2008), p. 166 - 169.

1086. NOODT, G.:
De forma emendandi doli mali in contrahendis negotiis admissi apud veteres, liber.
Lugduni Batavorum (1709), 136 p.

1087. NOODT, G.:
De usufructu libri duo,
(1713).

1088. NÖRR, D.:
Zu den geistigen und sozialen Grundlagen der spätantiken Kodifikationsbewegung (Anon. de rebus bellicis XXI),
ZSS 80 (1963), p. 109 – 140.

1089. NÖRR, K. W.:
Zur Herkunft des Irnerius,
ZSS 82 (1965), p. 327 – 329.

1090. OCHOA, X./DIEZ, A.:
Indices titulorum et legum corporis Iuris Civilis,
Roma (1965).

1091. ODOFREDUS:
Lectura super Digesto veteri, Tom. I – II,
Lyon (1550 et 1552).
reed. Opera iuridica rariora, Tom. II, fasc. 1 – 2, Bologna (1967 – 1968).

1092. ODOFREDUS:
Lectura super Digesto novo,
Lyon (1552).
reed. Opera iuridica rariora, Tom. IV, Bologna (1968).

1093. OERTMANN, P.:
Die Volkswirtschaftslehre der Corpus juris civilis,
Berlin (1891), 154 p.

1094. OSLER, D. J.:
Graecum legitur: A star is born,
Rechtshistorisches Journal, Frankfurt a. M. 2 (1983), p. 194 – 203.

1095. OSLER, D. J.:
The Compilation of Justinian's Digest,
ZSS 102 (1985), p. 129 – 184.

1096. OSLER, D. J.:
Following Bluhme: a Note on Dario Mantovani "Digesto e masse bluhmiane",
Iura 39 (1988), p. 137 - 158.

1097. OSLER, D. J.:
Developments in the Text of Alciatus' Dispunctiones,
Ius Commune 19 (1992), p. 219 - 235.

1098. OTTO, J.:
Alciats Methode der Kommentierung des "Corpus iuris civilis",
[in:] A. Beck/O. Herding (eds.): Der Kommentar in der Renaissance, (Deutsche Forschungsgemeinschaft Kommision für Humanismusforschung. Mitteilung I), (1975), p. 47 - 61.

1099. OTTO, J.:
s.v. Alciatus, Andreas (1492 - 1550),
[in:] Stolleis: Juristen, München (2001), p. 27 - 29.

1100. OTTO, J.:
s.v. Cujas (Cujacius), Jacques (1522 - 1590),
[in:] Stolleis: Juristen, München (2001), p. 152 - 153.

1101. OTTO, J.:
s.v. Duaren (Duarenus), François (1509 - 1559),
[in:] Stolleis: Juristen, München (2001), p. 186 - 187.

1102. OTTO, J.:
s.v. Favre (Faber), Antoine (1557 - 1624),
[in:] Stolleis: Juristen, München (2001), p. 207 - 208.

1103. OTTO, J.:
s.v. Hotman (Hotomanus), François (1524 - 1590),
[in:] Stolleis: Juristen, München (2001), p. 303 - 304.

1104. OTTO, J.:
s.v. Zasius, Ulrich (1461 - 1535),
[in:] Stolleis: Juristen, München (2001), p. 686 - 687.

1105. OTTO, J.:
Einleitung,
[in:] A. Alciatus: Opera Omnia,
Frankfurt am Main (2003), p. VII - L.

1106. PACE, G.:
Garnerius Theutonicus. Nuove fonti su Irnerio e i quattro dottori,
Rivista internazionale di diritto comune 2 (1991), p. 123 - 133.

1107. PAHLMANN, B./SCHRÖDER, J.:
s.v. Ulrich Zasius (1461 - 1535),
[in:] Kleinheyer/Schröder: DEJ, Heidelberg (2008), p. 473 - 477.

1108. PALMIERI, G. B.:
Appunti e documenti per la storia dei glossatori, Tom. I [unicus]: Il "Formularium tabellionum" di Irnerio,
Bologna (1893), 140 p.

1109. PAMPALONI, M.:
Contributo alla determinazione degli emblemi nelle Pandette,
AG 55 (1895), p. 500 - 518.

1110. PAMPALONI, M.:
Contributi alla determinazione degli emblemi nelle Pandette,
AG 56 (1896), p. 3 - .

1111. PARADISI, B.:
Le glosse di Bartolo da Sassoferrato,
[in:] La critica del testo. Atti del secondo congresso internazionale della Società italiana di storia del diritto, Tom. II, Firenze (1971), p. 575 - 618.

1112. PARADISI, B.:
Il giudizio di Márturi,
Rendiconti della accad. naz. del lincei, classe di scienze morali, storiche e filologiche, 9. ser. 5 (1994), p. 3 - 21.

1113. PATETTA, F.:
Sull'introduzione del Digesto a Bologna e sulla divisione bolognese in quattro parti,

Rivista italiana per le scienze giuridiche, Roma 14 (1892), p. 63 - 80. (=F. Patetta, St, p. 201 - 218.)

1114. PATETTA, F.:
La scuola giuridica Constantinopolitana del secolo XI e la scuola di Bologna,
[in:] Studi giuridici dedicati e offerti a Francesco Schupfer nella ricorrenza del XXXV anno del suo insegnamento, Tom. II: Studii di storia del diritto italiano, Torino (1898), p. 117 - 129.

1115. PERETERSKIJ, I. S.:
Digesty Justiniana. Očerki po istoriji sostavlenija i obščaja charakteristika,
Moskva (1956), 128 p.
rec. J. KINCL, Právník, Praha 96 (1957) p. 752 - 754;
P. OLIVA, Československý časopis historický, Praha 5 (1957), p. 366 - 367.

1116. PESCANI, P.:
Sul divieto di Giustiniano a commentari del Digesto,
Labeo 7 (1961), p. 41 - 54.

1117. PESCANI, P.:
De Digestorum archetypo,
[in:] St E. Betti, Tom. III, Milano (1962), p. 587 - 628.

1118. PESCANI, P.:
Appunti sui compiti e limiti della filologia giuridica,
[in:] St B. Biondi, Tom. II, Milano (1965), p. 495 - .

1119. PESCANI, P.:
Gli "antecesores" bizantini di fronte agli antichi "prudontes" dopo il divieto di Giustiniano,
[in:] St E. Volterra, Tom. VI, Milano (1971), p. 217 - 252.

1120. PESCANI, P.:
Il piano del Digesto e la sua attuazione,
BIDR 77 (1974), p. 221 - 407.

1121. PESCANI, P.:
Studi sul digestum vetus,
BIDR 84 (1981), p. 159 - 250.

1122. PESCATORE, G.:
Die Glossen des Irnerius,
Greifswald (1888), 114 p.
reed. Frankfurt am Main (1968).

1123. PETER, H.:
Mommsen versus Hofmann,
[in:] Mélanges Ph. Meylan, Tom. I: Droit romain,
Lausanne (1963), p. 253 - 279.

1124. PETERS, H.:
Die oströmischen Digestenkommentare und die Entstehung der Digesten,
(Sitzungsberichte über die Verhandlungen der Königlich Sächsischen Gesell. d. Wiss. zu Leipzig, Philol.-hist. Kl., Tom. 65, Heft 1), Leipzig (1913), 113 p.,
rec. O. LENEL, ZSS 34 (1913), p. 373 - 390.
L. MITTEIS, ZSS 34 (1913), p. 402 - 416;
O. SOMMER, Sborník věd právních a státních, Praha 14 (1914), p. 347 - 382.

1125. PETRUS de BELLAPERTICA:
Commentaria in Digestum novum. Repetitiones variae,
Francofurti ad Moenum (1571).
reed. Opera iuridica rariora, Tom. X, Bologna (1968).

1126. PIELER, P. E.:
Byzantinische Rechtsliteratur,
[in:] H. Hunger (ed.): Die hochsprachliche und profane Literatur der Byzantiner,
(Handbuch der Altertumswissenschaft, XII, 5), Tom. II, (1978), p. 376 - 399.

1127. POTHIER, J. R.:
Pandectae Justinianae in novum ordinem digestae, Tom. I - II - III,
Parisii (1748),
Lugduni (1782), CCXLIV+695, XIV+706, LXXII+956 p.;
Neapoli (1823 - 1824), CCXI+522, XXXII+780, XXXII+814 p.;
Parisiis (1825).

1128. PRINGSHEIM, F.:
Beryt und Bologna,
[in:] Freiburger Fs O. Lenel,
Freiburg (1921), p. 204 - 285.

1129. PRINGSHEIM, F.:
Justinian's Prohibition of Commentaries to the Digest,
RIDA 5 (1950), p. 383 - 415 (=Gesammelte Abhandlungen, Tom. II, Heidelberg (1961), p. 86 - 106).

1130. PRINGSHEIM, F.:
Zum Plan einer neuen Ausgabe der Basiliken. Begründung ihrer Notwendigkeit und Gesichtspunkte für ihre Herstellung (Bericht an die Preußische Akademie der Wissenschaften vom Jahre 1937), (Berliner Byzantinische Arbeiten, 7),
Berlin (1956), VII+51 p.
rec. A. BERGER, ZSS 75 (1958), p. 456 - 459.

1131. PRINGSHEIM, F.:
Die Entstehungszeit des Digestenplanes und die Rechtsschulen,
[in:] Atti del Congr., Tom. I, p. 449 - 494. (=Gesammelte Abhandlungen, Tom. II, Heidelberg (1961), p. 41 - 72).

1132. PUGSLEY, D.:
Some reflections on the Compilation of Justinian's Digest,
Irish Jurist 19 (1984), p. 350 - 359.

1133. PUGSLEY, D.:
On Compiling Justinian's Digest: The Victory Riots and the Appendix Mass,
Oxford Journal of Legal Studies 11, 3 (1991), p. 325 - 339.

1134. PUGSLEY, D.:
On compiling Justinian's Digest (2): Plans and interruptions,
The Journal of Legal History 13, 3 (1992), p. 209 - 231.

1135. PUGSLEY, D.:
On compiling Justinian's Digest (3): 'the florentine index',
The Journal of Legal History 14, 2 (1993), p. 94 - 105.

1136. PUGSLEY, D.:
On compiling Justinian's Digest (4): dates,
Syracuse journal of international law and commerce 20 (1994), p. 161 - 183.

1137. PUGSLEY, D.:
On Compiling Justinian's Digest (5): The Constitution ad senatum of 22 July 530,
RIDA 42 (1995), 3. Série, p. 289 - 329.

1138. PUGSLEY, D.:
The Justinian's Digest and the Compilers, Tom. I - II - III,
Exeter (1995; 2000; 2007), 97; 202; 273 p.
rec. O. TELLEGEN-COUPERUS, Tilburg Law Review 5, 2 (1996), p. 171 - 174.

1139. PUGSLEY, D.:
On Compiling Justinian's Digest (6): Twin Texts and Working Methods,
OIR 3 (1997), p. 40 - 56.

1140. PUGSLEY, D.:
On reading Franz Hofmann on the Compilation of Justinian's Digest,
OIR 4 (1998), p. 208 - 222.

1141. PUGSLEY, D.:
On Compiling Justinian's Digest (7): Theophilus, Antecessor,
[in:] J.-F. Gerkens/R. Vigneron/H. Peter/P. Trenk-Hinterberger (eds.): Mélanges F. Sturm, Tom. I,
Liège (1999), p. 395 - 405.

1142. PUGSLEY, D.:
Editing Justinian's Digest,
Fundamina: A Journal of Legal History 8 (2002), p. 173 - 181.

1143. PUGSLEY, D.:
Armin Ehrenzweig: Reflections on the pre-Digest and the Constitution Omnem,
[in:] M. J. Schermaier/J. M. Rainer/L. C. Winkel (eds.): Iurisprudentia universalis. Fs Th. Mayer-Maly,
Köln-Weimar-Wien (2002), p. 601 - 607.

1144. PUGSLEY, D.:
Justinian, Bluhme and the numbers game or how precise is Bluhme's Massentheorie,
Fundamina: A Journal of Legal History 11 (2005), p. 63 - 77.

1145. PUGSLEY, D.:
On pre-Digests,
Fundamina: A Journal of Legal History 12 (2006), p. 193 - 202.

1146. PUGSLEY, D.:
More simple questions about Justinian's Digest,
Fundamina: A Journal of Legal History 16 (2010), p. 335 - 345.

1147. PUGSLEY, D.:
Justinian's Digest: Lost in the Translations?,
Fundamina: A Journal of Legal History 17 (2011), p. 115 - 126.

1148. PUGSLEY, D.:
Did Bluhme realise that his tables were right but his history was wrong?,
ZSS 131 (2014), p. 403 - 413.

1149. PUGSLEY, D.:
Opera jam paene confusa et dissoluta (Tanta 1),
Fundamina: A Journal of Legal History 20 (2014), p. 748 - 755.

1150. RADDING, CH. M.:
The Origins of Medieval Jurisprudence. Pavia and Bologna 850 - 1150,
New Haven (1988), XIII+258 p.
rec. J. VERGER, Annales. Histoire, Sciences Sociales 44, 6 (1989), p. 1552 - 1554.
R. M. FRAHER, The American Historical Review 94, 3 (1989), p. 732 - 733.
Th. MAYER-MALY, ZSS 107 (1990), p. 650 - 653.
Ch. WICKHAM, The English Historical Review 106, 420 (1991), p. 685 - 686.

1151. RADDING, Ch. M.:
Vatican Latin 1406, Mommsen's Ms. S, and the Reception of the Digest in the Middle Ages,
ZSS 110 (1993), p. 501 - 551.

1152. RADDING, Ch. M./CIARALLI, A.:
The Corpus iuris in the Middle Ages. A Case Study in Historiography and Medieval History,
ZSS 117 (2000), p. 274 - 310.

1153. RADDING, Ch. M./CIARALLI, A.:
The Corpus Iuris Civilis in the Middle Ages. Manuscripts and Transmission from the Sixth Century to the Juristic Revival,
Leiden (2007), XIV+277 p., ill.
rec. W. KAISER, Rechtsgeschichte 11 (2007), p. 182 – 185.
A. GOURON, TR 76 (2008), p. 183 – 186.

1154. RAINERIUS de FORLIVIO:
Lectura super Digesto novo,
Lyon (1523).
reed. Opera iuridica rariora, Tom. IX, Bologna (1968).

1155. REBUFFI (REBUFFUS), P.:
In tit. Dig. De verborum et rerum significatione Commentaria,
Lugduni (1576, 1581, 1586, 1613, 1614), 1087 p.

1156. REBUFFI (REBUFFUS), P.:
Explicatio ad quatuor primos Pandectarum libros,
Lugduni (1589), 507 p.

1157. REIMARUS, G. A.:
Bemerkungen und Hypothesen über die Inscriptionenreihen der Pandektenfragmente. Ein rechtsgeschichtlicher Versuch,
Göttingen (1830), X+128 p.

1158. REINOSO-BARBERO, F.:
Modus allegandi textus qui in Pandectis continentur. Elenchus omnium capitum et paragraphorum,
Madrid (2013), 633 p.
rec. W. KAISER, ZSS 131 (2014), p. 532 – 549.

1159. RICCOBONO, S.:
La verità sulle pretese tendenze arcaiche di Giustiniano,
[in:] Conferenze, p. 235 – 284.

1160. RIMINALDUS, H.:
Commentaria in primam Digesti Veteris partem. Nunc cum summa diligentia excusa, ad communem omnium studentium utilitatem in lucem prodeunt,

Venezia (1570).
reed. Frankfurt a. M., XLVIII+377 p.

1161. ROBY, H. J.:
An Introduction to the Study of Justinian's Digest, Containing an Account of Its Composition and of the Jurists Used or Referred to Therein, Together with a Full Commentary on One Title (De Usufructu),
Cambridge (1884), CCLXXIX+260 p.,
rec. H. H. PERNICE, ZSS 6 (1885), p. 284 - 287.
transl. G. Pacchioni (1886).

1162. ROTA, A.:
La concezione irneriana dell'aequitas,
Rivista internazionale di Filosofia del diritto 26 (1949), p. 241 - 257.

1163. ROTONDI, G.:
Sul modo di formazione delle Pandette (a propòsito di una nuova ipotesi),
Filangieri, Milano 38 (1913), p. 653 - 669.

1164. ROTONDI, G.:
La codificazione giustinianea attraverso le fonti extragiuridiche,
Rivista italiana di Scienze giuridiche, Roma 60 (1918), p. 239 - 268 (=Scritti Giuridici, Tom. I, Milano (1922), p. 340 - 369).

1165. RÖHLE, R.:
Das Berliner Institutionen- und Digesten-Fragment Ms. lat. fol. 269,
BIDR 71 (1968) p. 128 - 173.

1166. RÖHLE, R..
Digestorum Editio Maior und Theodor Mommsen,
BIDR 73 (1970), p. 19 - 34.

1167. RÖHLE, R.:
Bemerkungen zu einer Neuausgabe der "Versio modestinianorum a burgundione facta",
SDHI 49 (1983), p. 372 - 374.

1168. RÖHLE, R.:
Der Randvermerk zu Iul. D. 10, 3, 25 in den Fragmenta Neapolitana der Digesten,
ZSS 121 (2004), p. 341 - 343.

1169. RÖHLE, R.:
Theodor Mommsens Verdienste um die Herausgabe der Justinianischen Digesten,
ZSS 125 (2008), p. 664 - 673.

1170. RÖHLE, K. F./STOLTE, B. H.:
Henrik Brenkmann,
ZSS 100 (1983), p. 735 - 746.

1171. RUDORFF, A. A. F.:
Mommsens Pandektenausgabe,
Zeitschrift für Rechtsgeschichte 6 (1867), p. 418 - 447.

1172. s.a.:
Významné jubileum,
Právník, Praha 69 (1930), p. 716.

1173. s.a.:
Taschenwörterbuch zum Corpus juris civilis, den Institutionen des Gajus und anderen römischen Rechtsquellen. Mit Uebersicht über Juristen, Leges und Senatusconsulta nebst Verwandtschaftstafel,
8. ed., Berlin (1971), 172 p.

1174. s.a.:
s.v. Corpus iuris civilis,
[in:] L. Svoboda e.a.: Encyklopedie antiky,
Praha (1973), p. 124.

1175. s.a.:
s.v. Digesten,
[in:] B. Zimmermann (ed.): Metzler Lexikon antiker Literatur. Autoren, Gattungen, Begriffe,
Stuttgart-Weimar (2004), p. 47 - 48.

1176. s.a.:
s.v. Digesta,
[in:] J. Geffcken/E. Ziebarth (eds.): Friedrich Lübker Reallexikon des klassischen Altertums, 8. ed.,
reed. Leipzig (2005), p. 291 - 292.

1177. s.a.:
s.v. Spangenberg, Georg August (1738 - 1806),
[in:] Kleinheyer/Schröder: DEJ, Heidelberg, (2008), p. 536.

1178. SCHEIBELREITER, P. (PS):
s.v. Corpus iuris civilis,
[in:] Olechowski/Gamauf: RRR,
Wien (2006), p. 76.

1179. SCHEIBELREITER, P. (PS):
s.v. Digesten,
[in:] Olechowski/Gamauf: RRR,
Wien (2006), p. 90.

1180. SCHEIBELREITER, P. (PS):
s.v. Kompilatoren,
[in:] Olechowski/Gamauf: RRR,
Wien (2006), p. 259.

1181. SCHELTEMA, H. J.:
L'enseignement de droit des antécesseurs,
Leiden (1970), 72 p.

1182. SCHELTEMA, H. J.:
Das Kommentarverbot Justinians,
TR 45 (1977), p. 307 - 331.

1183. SCHILTER, J.:
Praxis Juris Romani in foro germanico iuxta ordinem Edicti Perpetui et Pandectarum Justiniani opus theoretico practicum [...] Accesit praefatio nova Ch. THOMASII, Tom. I - II - III,
Francofurti-Lipsiae (1713).
reed. Frankfurt a. M. (2009). With a new introduction of G. WESENER, XXVI+308 p.; 609 p.; 242 p.

1184. SCHRÖDER, J.:
s.v. Hermann Kantorowicz (1877 - 1940),
[in:] Kleinheyer/Schröder: DEJ, Heidelberg (2008), p. 237 - 240.

1185. SCHRÖDER, J.:
s.v. Theodor Mommsen (1817 - 1903),
[in:] Kleinheyer/Schröder: DEJ, Heidelberg (2008), p. 298 - 303.

1186. SCHULIN, F.:
Ad pandectarum titulum de origine iuris commentario,
Basel (1876), 31 p.

1187. SCHULTINGH, A.:
Enarratio partis primae Digestorum,
Lugduni Batavorum (1720, 1738), 564 p.
J. C. Rücker (ed.): A. Sch.: Gesammelte Werke, Tom. III, 2. ed. (1774), Tom. IV (1774).

1188. SCHULTINGH, A.:
Thesium controversarum juxta seriem Digestorum decades centum,
Lugduni Batavorum (1738, 1762), 622 p.
[in:] A. Sch.: Gesammelte Werke, Tom. IV, (1774).

1189. SCHULTINGH, A.:
Notae ad Digesta seu Pandectas edidit atque animadversiones suas adjecit Nicolas Smallenburg, Tom. primus [...] Tom. septimus,
Leiden (1804 - 1835).
reed. Frankfurt a. M. (2008) with an introduction of G. C. J. J. van den BERGH, XXII+5092 p.

1190. SCHULZ, F.:
Die Anordnung nach Massen als Kompositionsprinzip antiker Kompilationen,
[in:] Atti del Congr., Tom. II,
Pavia (1935), p. 9 - 23.

1191. SCHWARZ, U.:
Amalfi im frühen Mittelalter (9. - 11. Jahrhundert). Untersuchungen zur Amalfitaner Ueberlieferung,
Tübingen (1978).

1192. SCIALOJA, V.:
Commemorazione del socio straniero Teodoro Mommsen, letta dal socio Vittorio Scialoja nella seduta del 22 novembre 1903.
Rendiconti della R. Accad. dei Lincei XII, 11
Roma (1904), 15 p.

1193. SECKEL, E.:
Distinctiones Glossatorum. Studien zur Distinktionem-Literatur der romanistischen Glossatorenschule, verbunden mit Mitteilungen unedirter Texte,
[in:] Fs Martitz, Berlin (1911), p. 247 - 436.

1194. SIBER, H.:
Das Problem der vorjustinianischen Textveränderungen,
[in:] Atti del Congr., Tom. I, Pavia (1934), p. 413 - 430.

1195. SIMONIUS, A.:
Was bedeuten für uns die Pandekten? Zur Erinnerung an die Verkündigung des Gesetzbuches am 16. Dezember 533. Akad. Vortrag gehalten in Basel am 12. Dez. 1933,
Zeitschrift für schweizerisches Recht, Neue Folge, 53, Heft 1, p. 3 - 35.

1196. SINAÏSKI, V.:
Ordre des matières dans la législation de Justinien,
[in:] St Albertoni, Tom. I, Padova (1935), p. 179 - 204.

1197. SINATTI d'AMICO, S. F.:
Indices corporis iuris civilis iuxta vetustiores editiones cum criticis collatas,
(IRMAE Subsidia 1), Pars I: Index titulorum,
Milano (1964).

1198. SINATTI d'AMICO, S. F.:
Indices corporis iuris civilis iuxta vetustiores editiones cum criticis collatas,
(IRMAE Subsidia 1), Pars II: Index legum,
Milano (1967).

1199. SINATTI d'AMICO, S. F.:
Indices corporis iuris civilis iuxta vetustiores editiones cum criticis collatas,
(IRMAE Subsidia 1), Pars III: Index Paragraphorum,
Milano (1970).

1200. SIRKS, A. J. B./SIJPESTEIJN, P. J./WORP, K. A.:
Ein frühbyzantinisches Szenario für die Amtswechslung in der Sitonie. Die griechischen Papyri aus Pommersfelden (PPG) mit einem Anhang über: die Pommersfeldener Digestenfragmente und die Überlieferungsgeschichte der Digesten
(Münchener Beiträge zur Papyrusforschung und Antiken Rechtsgeschichte 86),
München (1996), VIII+166 p., t.g.
rec. L. M. ZINGALE, ZSS 115 (1998), p. 624 - 628.

1201. SOLAZZI, S.:
Dalle Pandette al Gaio Veronese,
Conferenze, Milano (1931), p. 79 - 91.

1202. SOMMER, O.:
K jubileu Justiniánových Digest,
Právník, Praha 73 (1934), p. 16 - 22.

1203. SONTIS, J. M.:
Die Digestensumme des Anonymus. I. Zum Dotalrecht. Ein Beitrag zur Frage der Entstehung des Basilikentextes,
(Heidelberger Rechtswissenschaftliche Abh. 23),
Heidelberg (1937), VI+160 p.
rec. F. WIEACKER, ZSS 50 (1938), p. 385 - 391.

1204. SOUBIE, A.:
Recherches sur les origines des rubriques des Digestes,
Tarbes (1960), 202 p.

1205. SPAGNESI, E.:
Wernerius Bononiensis iudex. La Figura Storica d'Irnerio,
(Accademia Toscana di scienze e lettere "la Colombaria", Studi, 16), Firenze (1970), 204 p.
rec. G. DOLEZALEK, ZSS 88 (1971), p. 493 - 497.

1206. SPANGENBERG, E.:
Einleitung in das Römisch-Justinianeische Rechtsbuch oder Corpus juris civilis Romani, handelnd von dessen Quellen, Entstehung, Plan, Verbreitung, gesetzlicher Kraft in Teutschland, Verhältnisse zu den übrigen teutschen Rechtsquellen, Auslegung, exegetischen und critischen Bearbeitungen, Uebersetzungen, Handschriften, und Ausgaben,
Hannover (1817).
reed. Frankfurt a. M. (2006), XVI+960 p.

1207. SPANGENBERG, E.:
Jacob Cujas und seine Zeitgenossen,
Leipzig (1822), VII+311 p.
reed. Frankfurt am Main (1967).

1208. SPENGLER, H.-D.:
s.v. Corpus iuris civilis,
[in:] O. Schütze (ed.): Metzler Lexikon antiker Autoren,
Stuttgart-Weimar (1997), p. 188 – 192.

1209. SPENGLER, H.-D.:
Der Beginn des Digestentitels 24,2. Bemerkungen zur Verwendung von Paulus-Texten durch die Kompilatoren,
[in:] M. J. Schermaier/J. M. Rainer/L. C. Winkel (eds.): Iurisprudentia universalis. Fs Th. Mayer-Maly,
Köln-Weimar-Wien (2002), p. 735 – 744.

1210. SPENGLER, H.-D.:
s.v. Textstufenforschung,
[in:] M. Landfester/H. Cancik/H. Schneider (eds.): Der Neue Pauly. Enzyklopädie der Antike, Tom. 15/3,
Stuttgart-Weimar (2003), col. 394 – 395.

1211. SPRUIT, J. E.:
Enchiridium. Overzicht van de geschiedenis van het Romeins privaatrecht,
2. ed., Deventer (1977), p. 251 – 264.

1212. STAPELFELDT, K.:
s.v. Jacques Cujas (1520 – 1590),
[in:] Kleinheyer/Schröder: DEJ, Heidelberg (2008), p. 106 – 109.

1213. STIEBER, M.:
Na oslavu 1400. výročí Justiniánových Pandekt. Řeč děkana Právnické fakulty UK univ. prof. Dr. Stiebra,
Právník, Praha 70 (1931), p. 223 - 227.

1214. STOLTE, B. H.:
Henrik Brenkman (1681 - 1736). Jurist and Classicist, A Chapter from the History of Roman Law as Part of the Classical Tradition,
Groningen (1981), 1941 p.
rec. R. RÖHLE, ZSS 100 (1983), p. 735 - 746.

1215. STOLTE, B. H.:
Some thoughts on the early history of the Digest Text,
Subseciva Groningana 6 (1999), p. 103 - 119.

1216. STOLTE, B. H.:
Einführung/Introduction,
[in:] G. Chr. Gebauer/ G. A. Spangenberg: Corpus iuris civilis. Institutiones et Digesta,
reed. Frankfurt a. M. (2005), p. V - XVII.

1217. STRUVE, G. A.:
Syntagma Iurisprudentiae secundum ordinem Pandectarum Concinnatum,
Jenae (1627, 1655, 1658, 1660, 1663, 1668, 1672, 1678, 1682, 1686, 1687, 1692, 1698, 1701, 1702, 1709, 1718, 1738);
Francofurti (1688, 1692, 1698, 1701, 1718, 1738);
Coloniae Agrippinae (1709), 920 p.; 1024 p.

1218. STRYK, S.:
Usus modernus pandectarum, Pars I et II specimen et continuatio, Liber I usque ad XII,
Hallae (1723 - 1729).
reed. Frankfurt a. M. (2010).

1219. STRYK, S.:
Usus modernus pandectarum, Pars III continuatio altera, Liber XIII usque ad XXII,
Hallae (1735).
reed. Frankfurt a. M. (2010).

1220. STRYK, S.:
Usus modernus Pandectarum, Pars IV continuatio tertia, Liber XXIII usque ad XXXVIII,
Hallae (1737).
reed. Frankfurt a. M. (2010).

1221. STRYK, S.:
Usus modernus pandectarum, Pars V continuatio quarta, Liber XXXIX usque ad L,
Hallae (1737).
reed. Frankfurt a. M. (2010).

1222. STURM, F.:
Theodor Mommsen. Gedanken zu Leben und Werk des großen deutschen Rechtshistorikers,
Karlsruhe (2006), 78 p.

1223. ŠČEGOLEV, A. V.:
Imperatorskij kul'ti lex maiestatis po Digestam Iustiniana,
Ius Antiquum 1, 2 (1997), p. 60 – 64.

1224. THÉVENOT-DESSAULES, M.:
Dictionnaire du Digeste, ou Substance des Pandectes Justiniennes, Tom. I – II,
Paris (1808, 1809), XII+615 p.; 619 p.

1225. THIBAUT, A. F. J.:
Über die Arten das Corpus Iuris Romani zu allegieren, Civilistische Abhandlungen,
Heidelberg (1814), p. 205 – 265.

1226. THOMASIUS, Ch.:
Notae ad singulos Institutionum et Pandectarum titulos, varias Juris Romani Antiquitates imprimis usum ejus hodiernum in Foris Germaniae ostendentes in usum Auditorii Thomasiani [...], Tom. I – II,
Halae (1712 – 1713).
reed. Frankfurt a. M. (2008), XXIV+128 p; 277 p.

1227. T. M.:
s.v. Brenkmann, Henrik (1681 - 1736),
[in:] Kleinheyer/Schröder: DEJ, Heidelberg (2008), p. 488.

1228. T. M.:
s.v. Wesenbeck, Matthaeus (1531 - 1586),
[in:] Kleinheyer/Schröder: DEJ, Heidelberg (2008), p. 544.

1229. TOMULESCU, C. S.:
On the Activity of Justinian's compilers,
Index 2 (1971), p. 139 - 144.

1230. TROJE, H. E.:
Graeca leguntur. Die Aneignung des byzantinischen Rechts und die Entstehung eines humanistischen Corpus iuris civilis in der Jurisprudenz des 16. Jahrhunderts,
(Forschungen zur neueren Privatrechtsgeschichte, 18),
Köln-Wien (1971), XII+358 p., bibl., reg.

1231. TROJE, H. E.:
Alciats Methode der Kommentierung des "Corpus iuris civilis",
[in:] A. Beck/O. Herding (eds.): Der Kommentar in der Renaissance, (Deutsche Forschungsgemeinschaft Kommission für Humanismusforschung. Mitteilung I),
Bonn - Bad Godesberg (1975), p. 47 - 61.

1232. TROJE, H. E.:
Die Literatur des Gemeinen Rechts unter dem Einfluss des Humanismus,
[in:] H. Coing: Handbuch der Quellen und Literatur der Neueren Europäischen Privatrechtsgeschichte, 2. Bd.: Neuere Zeit (1500 - 1800), 1. Teilbd.,
München (1977), p. 615 - 795.

1233. TROJE, H. E.:
s.v. Haloander,
[in:] R. Domingo (ed.): Juristas universales, Tom. I: Juristas antiguos, Madrid (2004).

1234. TROJE, H. E.:
s.v. Haloander, Gregor (1501 - 1531),
[in:] Kleinheyer/Schröder: DEJ, Heidelberg (2008), p. 501.

1235. TROJE, H. E.:
Crisis digestorum. Studien zur historia pandectarum,
Frankfurt a. M. (2011), VIII+203 p., bibl.
rec. W. KAISER, ZSS 130 (2013), p. 723 - 734.

1236. VANĚČEK, V.:
O vzniku Digest. Theorie Bluhmova a její odpůrci,
Všehrd. List spolku českých právníků, Praha 8 (1927), p. 1 - 6, 36 - 40.

1237. VAN WARMELO, P.:
A propos de la compilation du Digeste,
RHDFE 38 (1960), p. 503 - 529.

1238. VÁŽNÝ, J.:
K 1400. výročí Digest (15. prosinec 1930),
Časopis pro právní a státní vědu, Brno (1930), p. 280 - 283.

1239. VERREY, O.:
Leges geminatae à deux auteurs et compilation du Digeste,
Lausanne (1973), III+233 p.
rec. Ch. KRAMPE, ZSS 93 (1976), p. 369 - 380.

1240. VOCI, P.:
Vicende della legislazione giustinianea negli anni 528 - 534,
SDHI 69 (2003), p. 86 - 127.
reed. P. Voci: Ultimi studi di diritto romano (A cura di R. Astolfi), Napoli (2007).

1241. VOET, J.:
Commentarius ad Pandectas, Tom. I - II,
La Haya (1698 - 1704).

1242. VOET, J.:
Compendium juris juxta seriem Pandectarum,
(1682).

1243. VOGEL, W.:
François Hotman und die Privatrechtswissenschaft seiner Zeit,
Münster (1960), III+131 p.

1244. VOGT, W.:
Franciscus Duarenus, 1509 - 1559: sein didaktisches Reformprogramm und seine Bedeutung für die Entwicklung der Zivilrechtsdogmatik,
Stuttgart (1971), 127 p.

1245. VOLLERT, E.:
Die Weidmannsche Verlagsbuchhandlung in Berlin (1680 - 1930),
Hidelsheim (1983), VI+163 p.

1246. VOß, W. E. (W.E.V.):
s.v. Corpus iuris,
[in:] H. Cancik/H. Schneider (eds.): Der Neue Pauly. Enzyklopädie der Antike, Tom. 3, Stuttgart-Weimar (1997/1999), col. 207.

1247. VOß, W. E. (W.E.V.):
s.v. Digesta,
[in:] H. Cancik/H. Schneider (eds.): Der Neue Pauly. Enzyklopädie der Antike, Tom. 3, Stuttgart-Weimar (1997/1999), col. 560 - 563.

1248. WALLINGA, T.:
Lauretius Theodorus Gronovius (1648 - 1724),
TR 65 (1997), p. 459 - 495.

1249. WALLINGA, T.:
Das Verhältnis der Konstitutionen Tanta und Dédoken,
OIR 4 (1998), p. 228 - 240.

1250. WALLINGA, T.:
Tanta/Dédoken. Two Introductory Constitutions to Justinian's Digest,
Groningen (1989), X+158 p.
rec. T. HONORÉ, ZSS 110 (1993), p. 764 - 768.

1251. WATSON, A.:
Prolegomena to establishing pre-Justinianic Texts,
TR 62 (1994), p. 113 - 125.

1252. WEIMAR, P.:
Quelques remarques sur les Summae Digestorum d'Azon,
RHDFE 51 (1973), p. 720 - .

1253. WEIMAR, P.:
Die legistische Literatur der Glossatorenzeit. Die Rechtsquellen,
[in:] H. Coing: Handbuch der Quellen und Literatur der Neueren Europäischen Privatrechtsgeschichte, 1. Bd.: Mittelalter (1100 – 1500): Die Gelehrten Rechte und die Gesetzgebung,
München (1973), p. 168 – 206.

1254. WEIMAR, P.:
Zur Entstehung der Azoschen Digestensumme,
[in:] Satura R. Feenstra, Fribourg (1985), p. 371 – 392.

1255. WEIMAR, P.:
s.v. Corpus iuris civilis,
[in:] Lexikon des Mittelalters 3 (1986), p. 270 – 277.

1256. WEIMAR, P.:
Zur Entstehung der azoschen Digestensumme,
[in:] P. Weimar (ed.): Zur Renaissance der Rechtswissenschaft im Mittelalter, (1997), p. 239 – 260.

1257. WEIMAR, P.:
s.v. Accursius (um 1185 – 1263),
[in:] Stolleis: Juristen, München (2001), p. 18 – 19.

1258. WEIMAR, P.:
s.v. Azo (-1220),
[in:] Stolleis: Juristen, München (2001), p. 53 – 54.

1259. WEIMAR, P.:
s.v. Baldus de Ubaldis (1327 – 1400),
[in:] Stolleis: Juristen, München (2001), p. 58 – 59.

1260. WEIMAR, P.:
s.v. Bartolus de Saxoferrato (1313/14 – 1357),
[in:] Stolleis: Juristen, München (2001), p. 67 – 68.

1261. WEIMAR, P.:
s.v. Irnerius (Guarnerius, Wernerius; – nach 1125),
[in:] Stolleis: Juristen, München (2001), p. 325 – 327.

1262. WEIMAR, P.:
s.v. Jason de Mayno (1435 - 1519),
[in:] Stolleis: Juristen, München (2001), p. 330 - 331.

1263. WESENBECK, M.:
In Pandectas iuris civilis et Codicis Iustinianei libros IIX commentarii: olim paratitla dicti, Tom. I - II,
Lugduni (1597).
reed. Frankfurt a. M., 1032 col.; 218 col.

1264. WICKERT, L.:
Theodor Mommsen. Eine Biographie, Tom. I - II - III - IV,
Frankfurt a. M. (1959 - 1980), 580 p.; XVI+446 p.; XVI+693 p.; 392 p.

1265. WIEACKER, F.:
Die Struktur der Sabinusmasse,
ZSS 55 (1935), s. 292 - 308.

1266. WIEACKER, F.:
Corpus Iuris,
[in:] F. W.: Vom römischen Recht. Zehn Versuche,
2. ed., Stuttgart (1961), p. 242 - 287.

1267. WIEACKER, F.:
Zur Technik der Kompilatoren. Prämissen und Hypothesen,
ZSS 89 (1972), p. 293 - 323.

1268. WIEACKER, F.:
Mommsens Digestorum Editio maior: Aspekte und Aporien,
[in:] Le Pandette,
Firenze (1986), p. 199 - 214.

1269. WIEACKER, F.:
Zur Herstellung der Digesten. Rahmenbedingungen ihrer Rekonstruktion,
[in:] Ars boni et aequi. Fs W. Waldstein,
Stuttgart (1993), p. 417 - 442.

1270. WHITMAN, J. Q.:
A note on the Medieval Division of the Digest,
TR 59 (1991), p. 269 - 284.

1271. WISSENBACH, J. J.:
In extremum Pandectarum titulum, de diversis regulis juris antiqui, exercitationes cathedrariae,
Franekerae (1651, 1656, 1658, 1661), 754 p.;
Lipsiae (1673).

1272. WOLF, E.:
Ulrich Zasius,
[in:] E. Wolf: Große Rechtsdenker der deutschen Geistesgeschichte, 2. ed.,
Tübingen (1944), p. 55 - 91.

1273. WOUW, H. van de:
Zur Textgeschichte des Infortiatum und zu seiner Glossierung durch die frühen Glossatoren,
Ius Commune 11 (1984), p. 231 - 280.

1274. ZACHARIÄ VON LINGENTHAL, K. E.:
Digesta Justiniani Augusti recognovit, adsumpto in operis Societatem Paulo Kruegero, Th. Mommsen, Tom. I. - II., Berlin, 1870,
Zeitschrift für Rechtsgeschichte 10 (1872), p. 165 - 178.

1275. ZACHARIÄ VON LINGENTHAL, K. E.:
Aus und zu den Quellen des römischen Rechts,
ZSS 8 (1887), p. 206 - 247.

1276. ZACHARIÄ VON LINGENTHAL, K. E.:
Aus und zu den Quellen des römischen Rechts: XIII - XXVIII,
ZSS 10 (1889), p. 252 - 295.

1277. ZOLL, F.:
O krytycznych badaniach tekstu zbiorów Justinianskich,
Kraków (1872), 81 p.

1278. ZWIERLEIN, O.:
Textkritisches zu den Digesten Justinians,
[in:] Fs R. Knütel,
Heidelberg (2009), p. 1493 - 1522.

Die Herstellung der Digesten Justinians und der Gang der Exzerption.

Von

Dr. Hugo Krüger,
Professor in Münster i. Westf.

Münster i. W. 1922.
Druck und Verlag der Theissingschen Buchhandlung.

Nr. 1: Hugo Krüger (1861 – 1942). Titelseite der Monografie über die Abfassung der Kompilation und Verlauf der Kompilationsarbeiten.

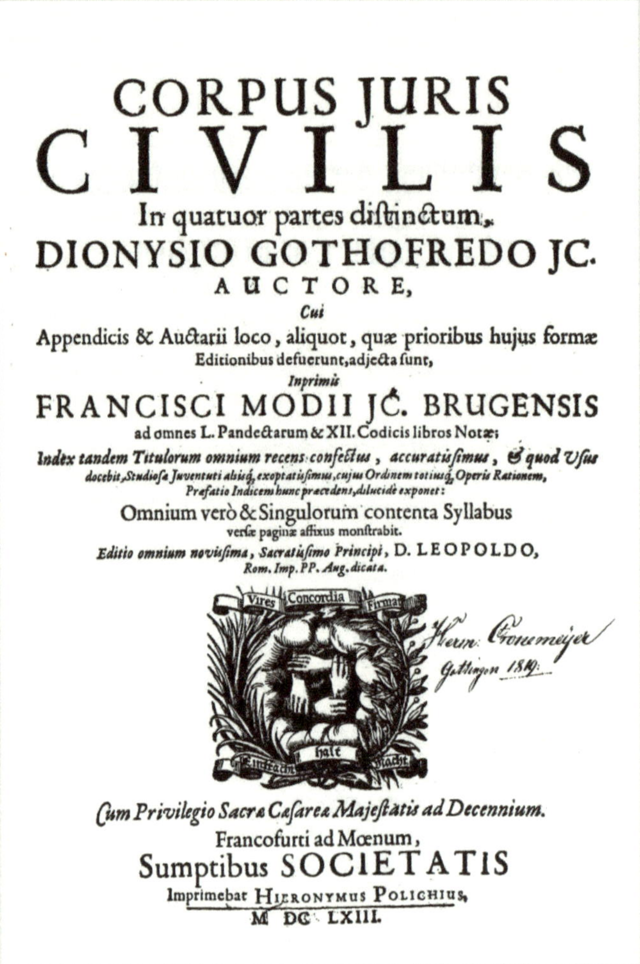

CORPUS JURIS
CIVILIS
In quatuor partes distinctum,
DIONYSIO GOTHOFREDO JC.
AUCTORE,
Cui
Appendicis & Auctarii loco, aliquot, quæ prioribus hujus formæ
Editionibus defuerunt, adjecta sunt,
Inprimis
FRANCISCI MODII JC. BRUGENSIS
ad omnes L. Pandectarum & XII. Codicis libros Notæ;
Index tandem Titulorum omnium recens confectus, accuratissimus, & quod Usus docebit, Studiosæ Juventuti alsisq; exoptatissimus, cujus Ordinem totiusq; Operis Rationem, Præfatio Indicem hunc præcedens, dilucidè exponet:
Omnium verò & Singulorum contenta Syllabus
versæ paginæ affixus monstrabit.
Editio omnium novissima, Sacratissimo Principi, D. LEOPOLDO,
Rom. Imp. PP. Aug. dicata.

Cum Privilegio Sacræ Cæsareæ Majestatis ad Decennium.
Francofurti ad Mœnum,
Sumptibus SOCIETATIS
Imprimebat HIERONYMUS POLICHIUS,
M DC LXIII.

Nr. 2: Denis Godefroy (Dionisius Gothofredus, 1549-1622) editierte und gab in 1583 in Genf das justinianische Recht als Ganzes heraus, zum ersten Mal unter dem Namen *Corpus iuris civilis*. Die Illustration zeigt die Titelseite der Edition, die 1663 in Frankfurt am Main erschienen ist.

Peter Blaho, Jarmila Vaňková

CORPUS IURIS CIVILIS

DIGESTA

Tomus I.

EURO KÓDEX

SCRIPTA IURIDICA QUAE MANSERUNT

VOLUMEN I.

Nr. 3: Titelseite der ersten slowakischen Übersetzung ausgewählter Digestenstellen von 2008, erstellt von P. Blaho und J. Vaňková.

Einleitung

in das

Römisch-Justinianeische

Rechtsbuch

oder

Corpus juris civilis Romani,

handelnd

von dessen Quellen, Entstehung, Plan, Verbreitung, gesetzlicher Kraft in Teutschland, Verhältnisse zu den übrigen teutschen Rechtsquellen, Auslegung, exegetischen und critischen Bearbeitungen, Uebersetzungen, Handschriften, und Ausgaben.

Von

Ernst Spangenberg

Dr. d. R. und Königl. Großbritannisch-Hannoverschem Hof- und Canzleyrathe in der Justizcanzley zu Zelle.

Tam otii, quam negotii rationem reddere majores nostri censuerunt

Columella

Hannover, 1817

bey den Brüdern Hahn.

Nr. 4: Titelseite des bemerkenswerten Buchs von E. Spangenberg. Es besteht aus historischem, dogmatischem, exegetischem, kritischem und bibliografischem Teil. Vor allem der letzte Teil (p. 645 – 946) zeichnet die Erstdrücke und andere Bucheditionen von Digesten auf.

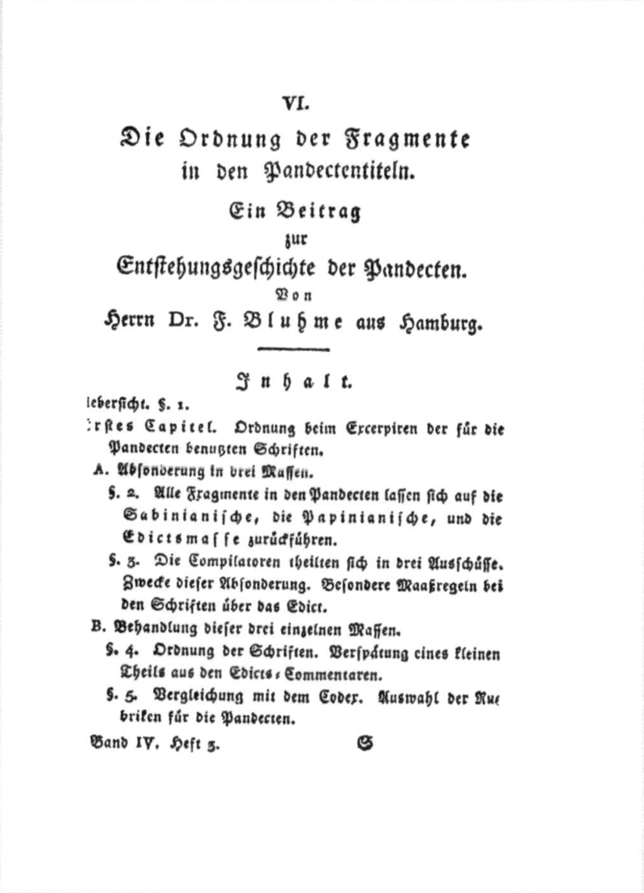

VI.

Die Ordnung der Fragmente
in den Pandectentiteln.

Ein Beitrag
zur
Entstehungsgeschichte der Pandecten.

Von
Herrn Dr. F. Bluhme aus Hamburg.

Inhalt.

Nr. 5: Titelseite der bedeutenden Studie von dem jungen Friedrich Bluhme (1797 – 1874), in der er die bis jetzt akzeptierte Theorie über die vier Massen in den Digesten präsentierte.

DIGESTA

IUSTINIANI AUGUSTI

RECOGNOUIT

ADSUMPTO IN OPERIS SOCIETATEM PAULO KRUEGERO

TH. MOMMSEN

UOL. I

ACCEDUNT TABULAE DUAE

BEROLINI
APUD WEIDMANNOS
MDCCCLXX

Nr. 6: Titelseite der großen Edition (*editio maior*), die Th. Mommsen (1817 – 1903) gemeinsam mit Paul Krüger (1840 – 1926) editierte. Erschien 1870 im Berliner Verlag Weidmann; eindeutig maßgebende Edition

Die Compilation

der

Digesten Justinians.

Veniet tempus, quo posteri nostri
tam aperta nos nescisse mirentur.
Seneca Nat. Quaest. VII, c. 25.

Kritische Studien

von

Dr. Franz Hofmann,

o. ö. Professor der Rechte an der Universität, wirklichem Mitgliede der kaiserlichen Akademie
der Wissenschaften in Wien.

Nach des Verfassers Tode

herausgegeben von

Dr. Ivo Pfaff,

o. ö. Professor der Rechte an der deutschen Universität in Prag.

Wien, 1900.

Manz'sche k. u. k. Hof-Verlags- und Universitäts-Buchhandlung.
I., Kohlmarkt 20.

Nr. 7: Titelseite des Buches vom Wiener Professor Franz Hoffmann (1835 - 1897) über die Kompilation von Digesten.

Über

die Entstehung der Digestenvulgata

Ergänzungen zu Mommsen

Von

Hermann U. Kantorowicz

Weimar

Hermann Böhlaus Nachfolger

1910

Nr. 8: Titelseite der Schrift von H. U. Kantorowicz (1877 - 1940), eines hervorragenden Romanisten, Pönologen und Rechtsphilosophen. Im Buch über den Vulgathandschriften hat er unter anderem authentische Emendationen nachgewiesen, die sich auf das 34. Buch sowie auf alle weiteren Bücher der Digesten beziehen.

Einführung
in das Studium der Digesten

von

Dr. Fritz Schulz
o. Professor der Rechte an der Universität Kiel

Tübingen 1916
Verlag von J. C. B. Mohr (Paul Siebeck)

Nr. 9: Titelseite des Buches von mäßigem Vertreter der Interpolationsmethode F. Schulz (1879 - 1957). In dieser Schrift hat er außer gewählten Instituten des Privatrechts auch einen Blick auf die überlieferten Digesten-Manuskript, deren Kritik und auf die Arbeitsweise geboten.

XIII. Bibliographiae

1279 – 1328

1279. L'année philologique. Bibliographie critique et analytique de l'antiquité gréco-latine,
Societé d'édition les Belles lettres,
Paris (1928 -).

1280. ANKUM, J. A./WINKEL, L. L.:
Korte bibliografie van romeins recht in zijn historische context,
Amsterdam (1981), 90 p.

1281. Anzeiger für die Altertumswissenschaft,
Innsbruck (1947 -).

1282. ARANGIO-RUIZ, V.:
Die italienische Rechtsliteratur,
ZSS 44 (1924), p. 619 648.

1283. ARIAS, P. E.:
Bibliografia e fonti della storia romana,
Bologna (1953), 107 p.

1284. BERGER, A./SCHILLER, A. A.:
Bibliography of Anglo-American Studies in Roman, Greek and Greco-Egyptian Law and related Sciences,
Seminar, Washington 3 (1945), p. 75 - 94.

1285. BERGER, A./SCHILLER, A. A.:
Bibliography of Anglo-American Studies in Roman, Greek and Greco-Egyptian Law and related Sciences,
Seminar, Washington 5 (1947), p. 62 - 82.

1286. BERTOLINI, C.:
Bibliografia dell'antico diritto greco e romano,
BIDR 20 (1908), p. 111 - 156; 264 - 303.

1287. BERTOLINI, C.:
Bibliografia dell'antico diritto greco e romano,
BIDR 22 (1910), p. 267 - 334.

1288. BERTOLINI, C.:
Bibliografia dell'antico diritto greco e romano,
BIDR 23 (1911), Appendix p. I - LIV.

1289. BERTOLINI, C.:
Bibliografia dell'antico diritto greco e romano,
BIDR 24 (1911), p. 281 - 329.

1290. BERTOLINI, C.:
Bibliografia dell'antico diritto greco e romano,
BIDR 25 (1912), p. 273 - 318.

1291. BERTOLINI, C.:
Bibliografia dell'antico diritto greco e romano,
Roma (1912), 306 p.

1292. BERTOLINI, C.:
Bibliografia dell'antico diritto greco e romano,
BIDR 26 (1913), p. 289 - 358.

1293. BIONDI, B.:
Diritto romano. Guide bibliografiche della Univ. Catt. del S. Cuore, Ser. III, Discipline giuridiche 1,
Milano (1944).

1294. BLAHO, P.:
Československá právna romanistika v rokoch 1882 - 1945/Bibliographia studiorum ad ius Romanum pertinentium in Bohemo-slovenia MDCCCLXXXII - MCMXLV,
Praha (1997), 68 p.

1295. CAES, L./HENRION, R.:
Collectio Bibliographica operum ad ius Romanum pertinentium. Bibliography of Roman Law. Bibliographie de droit romain, Series I: Opera edita in periodicis miscellaneis encyclopaediisque, Tom. 1 - 25,
Bruxelles (1949 - 1964), 446 p.; 942 p.; 948 p; 615 p.; 385 p.; 1025 p.; 303 p.; 751 p.; 676 p.; 659 p.; 523 p.; 476 p.; 679 p.; 644 p.; 576 p.; 504 p.; 536 p.

1296. COLLINET, P.:
Bibliographie des travaux de droit romain en langue française,
Paris (1930), VI+40 p.

1297. COLLINET, P.:
Repertoire des Bibliographies, Vocabulaires, Index, Concordances et Palingénésies du droit romain,
RHD 24 - 25 (1946 - 1947), p. 109 - 118.

1298. CONSENTINI, C.:
Guida alla consultazione delle fonti giuridiche romane e dei mezzi ausiliari d'indagine,
Catania (1949), 40 p.

1299. CZUCZAI, J./FÖLDI, A.:
Bibliographia selecta operum sovieticorum ad ius Romanum pertinentium (1917 - 1987), adiuvante J. Czuczai redacta ab A. Földi,
Budapest (1988), XXXI+44 p.
rec. E. A. SKRIPILEV, Sovjetskoje gosudarstvo i pravo, Moskva (1991), 1, p. 149 - 151.

1300. DE FRANCISCI, P.:
Il diritto romano,
Roma (1923), 141 p.

1301. FABRICIUS, J. A./SCHOTTGENIUS, Ch.:
Bibliotheca latina mediae et infinae cum supplemento Chr. SCHOTTGENII, Editio prima italica a J. D. MANSI, correcta, illustrata, aucta, Tom. I - II - III - IV - V - VI,
Patavii (1754).
reed. Florentiae (1858).

1302. FEENSTRA, R.:
Repertorium bibliographicum institutorum et sodalitatum iuris historiae,
Leiden (1969),
Supplementum 1969 - 1974, Leiden (1975),

1303. FEENSTRA, R.:
B/10: Droit romain au moyen age (1100 - 1500),
[in:] Introduction bibliographique à l'histoire du droit et à l'ethnologie juridique publiée sous la direction de John Gilissen,
Bruxelles (1979), 61 p.

1304. FEENSTRA, R./ROSSI, G.:
Index Adbreviationum et De modo citandi fontes, Ius Romanum Medii Aevi, Pars I, 1 a-d,
Milano (1961), p. 27 – 118.

1305. GEORGESCU, V. A.:
Bibliografia de drept roman 1940 – 1942,
Bucarest (1943), 79 p.

1306. GRANDIN, A.:
Bibliographie générale des sciences judiques, politiques, écenomiques et sociales, Tom. I – II – III, [1800 – 1926],
Paris (1926), 651 p.
Suppl. [1926 – 1927], Paris (1928).

1307. HAMZA, G.:
A magyar római jogi szakirodalom bibliográfiája/Bibliographie der ungarischen Literatur des römischen Rechts 1945 – 1984, ed. A. Földi/J. Szajer,
Budapest (1984), 86 p.

1308. HENRION, R./DE LAET, J.:
El cultivo del Derecho Romano en Bélgica y en los Países Bajos de 1935 a 1947,
AHDE 18 (1947), p. 677 – 690.

1309. KIRSCHNER, H./MACKERT, J./SCHNEIDER, F./ STEINMÜLLER, W. (eds.):
Karlsruher Juristische Bibliographie. Systematischer Nachweis neuer Bücher und Aufsätze in monatlicher Folge aus Recht, Staat, Gesellschaft. Zugleich Bücher- und Zeitschriftenschau der Neuen Juristischen Wochenschrift, bearb. u. hrsgb. von H. Kirschner/J. Mackert/F. Schneider/W. Steinmüller,
München-Frankfurt a. M. 1 (1965).

1310. MICHEL, J.-H.:
A/11: Droit romain (droit privé),
[in:] Introduction bibliograhpique à l'histoire et à l'ethnologie juridique,
Bruxelles (1972), 88 p

1311. MONIER, R.:
Bibliographie des travaux récents de droit romain en français, en anglais, en allemand, en italien et en roumain,
Paris (1944), 47 p.

1312. MONIER, R./LEMOSSE, M.:
Bibliographie des travaux récents de droit romain (1944 - 1948),
Paris (1949), 59 p.

1313. ROMANO, S.:
Bibliografia dell'antico diritto greco e romano,
BIDR 36 (1928), p. 159 - 314.

1314. ROMANO, S.:
Bibliografia dell'antico diritto greco e romano,
BIDR 39 (1931), p. 63 - 104.

1315. ROMANO, S.:
Bibliografia dell'antico diritto greco e romano,
BIDR 40 (1932), p. 253 - 378.

1316. SACHERS, E.:
Generalregister zur ZSS (rom. Abt.), Bd. 1 - 50 (1880 - 1930),
Weimar (1932), 959 p.

1317. SACHERS, E.:
Generalregister zur ZSS (rom. Abt.), Bd. 51 - 75 (1931 - 1958),
Weimar (1970), VIII+367 p.

1318. SANFILIPPO, C.:
Bibliografia romanistica Italiana (1939 - 1949),
Pubbl. della Fac. di Giurisprudenza dell'di Catania, Catania 12 (1949), 101 p.

1319. SARGENTI, M.:
Operum ad ius Romanum pertinentium quae ab anno MCMXL usque ad annum MCMLXX edita sunt index modo et ratione ordinatus. Pars prior (A - E),
Milano (1978), 604 p.

1320. SARGENTI, M.:
Operum ad ius Romanum pertinentium quae ab anno MCMXL usque ad annum MCMLXX edita sunt index modo et ratione ordinatus. Pars secunda (F - L),
Milano (1980), 610 p.

1321. SARGENTI, M.:
Operum ad ius Romanum pertinentium quae ab anno MCMXL usque ad annum MCMLXX edita sunt index modo et ratione ordinatus. Pars tertia (M - Z),
Milano (1982), 844 p.

1322. SCHILLER, A. A.:
An American Experience in Roman Law. Writings from Publications in the United States,
Göttingen-Zürich (1971), 256 p.

1323. SPANGENBERG, E.:
Einleitung in das Römisch-Justinianeische Rechtsbuch oder Corpus juris civilis Romani, handelnd von dessen Quellen, Entstehung, Plan, Verbreitung, gesetzlicher Kraft in Teuschland, Verhältnisse zu den übrigen teuschen Rechtsquellen, Auslegung, exegetischen und critischen Bearbeitungen, Übersetzungen, Handschriften, und Ausgaben,
Hannover (1817),
reed. Aalen (1970),
reed. Frankfurt a. M. (2006), 960 p.

1324. SPRUIT, J. E.:
Bibliografie romeins recht. Wegwijzer tot de bronnen, hulpmiddelen en literatuur,
Zutphen (1988), 96 p.

1325. STEIN, P.:
A/9: Roman Law (Sources),
[in:] Bibliographical Introduction to Legal History and Ethnology edited by John Gilissen,
Bruxelles (1965), 48 p.

1326. ŠČEGOLEV, A. V.:
Bibliografija russkoj literatury po rimskomu pravu s 1860 po 1996 gg.,
Ius Antiquum/Drevneje pravo 2 (1997), p. 136 - 161.

1327. VASSALLI, F.:
Bibliografia dell'antico diritto greco e romano,
BIDR 29 (1916), p. 185 - 216.

1328. ZABŁOCKA, M.:
Romanystika Polska po II wojnie światowej,
Warszawa (2002), 200 p., reg.
rec. P. BLAHO, OIR 8 (2003), p. 118 - 132.

XIV. Appendix.
Digestorum libri in Slovacia asservati

1329 – 1363

1329. BELDEREN, A. C.:
Digesta per aphorismos strictim explicata,
Amsterodam (1656), 12, 631 p.

1330. Corpus juris civili a dio Gothofredo I. C. Recognitum, Tom I. - II.
(1614) (1881) 871 p.; 614 p.

1331. CUIACIUS, J.:
Paratitla in libros quinquaginta digestorum seu pandectarum,
Francofurt a. M. (1615), I - 471 p.

1332. GOTHOFREDUS, D.:
Corpus Juris civilis... (Justiniani),
Francofurt a. M. (1663).

1333. HEINECCIUS, J. G.:
Elementa juris civilis secundum ordinem pandectarum, Tom. I - II,
Francfurt a. M. (1756).

1334. HEINECCIUS, J. G.:
Elementa Juris civilis secundum ordinem Pandectarium commoda auditoribus, Tom. I - II,
Lipsia (1775).

1335. HOMMEL, C. F.:
Corpus Juris civilis,
Lipsia (1768), I - 804 p.

1336. JUSTINIAN
Corpus juris civilis,
Parisiis (1595).

1337. JUSTINIANI
Justiniani pandecta... XVI aevi,
Basilea (1541).

1338. LUDOVICI, J. F.:
Doctrina pandectarum,
Halae Magd. Orphanotrophaei (1735).

1339. MENCKENIUS, L. D.:
Tractatio synoptica Pandectarum, Tom. I - II,
Lipsia (1697).

1340. Das Römische Gesetzbuch mit Anmerkungen,
Frankfurt - Leipzig (1787), 427 p.; 67 p.

1341. Sententiae ex libris pandectarum juris civilis,
(1539).

1342. VOET, J.:
Commentarius ad Pandectas, Tom. I - II,
(1716).

1343. VOET, J.:
Commentarius ad pandectas, Tom. I - II,
Hagae (1731).

1344. VULTEIUS, H.:
Jurisprudentiae romanae a Justiniano compositae libri II.
Marpurg (1602), 672 p.

1345. ZOESIUS, H.:
Commentarius ad digestorum seu pandecta iuris civilis libros L,
Colonia (1725), 1148 p.

1346. ZOESIUS, H.:
Commentarius ad digestorum seu pandectarum libros L,
Colonia (1736), 1148 p.

1347. ZOESIUS, H.:
Commentarius ad digestorum juris civili libros L, Tom. I - II,
Colonia (1745).

1348. CORPUS IURIS CIVILIS ROMANI IN QUO INSTITUTIONES, DIGESTA AD CODICEM FLORENTINUM EMENDATA, CODEX ITEM ET NOVELLAE [...] CUM NOTIS INTEGRIS DIONYSII GOTHOFREDI [...] QUAS EDITIONI SUAE SIMON VAN LEEUWEN [...],
Editio novissima Lipsiae, Jo. Friderici Gleditschii b. Filii, MDCCXX, p. 57 - 1028.

1349. CORPUS IURIS CIVILIS D. IUSTINIANI DIGESTORUM SEU PANDECTARUM LIBRI QUINQUAGINTA, EDITIO STEREOTYPA EX OFFICINA CAROLI TAUCHNITII CURA D. IOANNIS LUDOVICI GUILIEMI BECK REG. SCABIN. LIPS. SENIORIS IURIS P. P. E.,

Lipsiae, apud Carolum Cnobloch C|Ↄ|ↃCCCXXIX [1829], 778 p.

1350. CORPUS IURIS CIVILIS VOLUMEN PRIMUM: INSTITUTIONES, RECOGNOVIT P. KRUEGER, DIGESTA, RECOGNOVIT Th. MOMMSEN, RETRACTAVIT P. KRUEGER,

Editio stereotypa undecima,
Berolini, apud Weidmannos MCMVIII, 959 p.

1351. CORPUS IURIS CIVILIS VOLUMEN PRIMUM: INSTITUTIONES, RECOGNOVIT P. KRUEGER, DIGESTA, RECOGNOVIT Th. MOMMSEN, RETRACTAVIT P. KRUEGER,

Editio stereotypa tertia decima,
Berolini, apud Weidmannos (1920), 986 p.

1352. CORPUS IURIS CIVILIS, Volumen primum: INSTITUTIONES, recognovit P. Krueger, DIGESTA, recognovit Th. Mommsen, retractavit P. Krueger,

ed. stereotypa quarta decima,
Berolini (1922), 994 p.

1353. CORPUS IURIS CIVILIS VOLUMEN PRIMUM: INSTITUTIONES, RECOGNOVIT P. KRUEGER, DIGESTA, RECOGNOVIT Th. MOMMSEN, RETRACTAVIT P. KRUEGER,

Editio stereotypa quinta decima,
Berolini, apud Weidmannos (1928), 994 p.

1354. Corpus Iuris Civilis, Vol. Primum, Novellae Institutiones, recognovit Paulus Krueger, Digesta, recognovit Theodorus Mommsen, retractavit Paulus Krueger, 13. od.,

reed. 8., Berlin (1963), Hidelsheim (2000), 957 p.

1355. Corpus iuris civilis. Digesta Justiniani. Digestum vetus.

[Venetiis], Nicolaus Jenson; [cca 1478 – 1480].

1356. Corpus iuris civilis. Digesta Justiniani. Digestum vetus.
Norimbergae, Antonius Koberger (1482), 2°.

1357. Corpus iuris civilis. Digesta Justiniani. Digestum vetus. Ed. Petrus Fossanus.
Venetiis, Andreas Torresanus (1491), 2°.

1358. Corpus iuris civilis. Digesta Justiniani. Infortiatum,
Venetiis, Jacobus Rubeus (1477), 2°.

1359. Corpus iuris civilis. Digesta Justiniani. Digestum novum,
Venetiis, Nicolaus Jenson, (1477), 2°.

1360. Corpus iuris civilis. Digesta Justiniani. Digestum novum,
Norimbergae, Antonius Koberger (1483), 2°.

1361. Corpus iuris civilis. Digesta Justiniani. Digestum novum.
[Lugduni, Johannes Silber, cca 1498/1500], 2°.

1362. Corpus iuris civilis. Digesta Justiniani. Digestum novum,
Venetiis, Bernardinus Stagninus (1494), 2°.

1363. Corpus iuris civilis. Digesta Justiniani. Infortiatum. Cum glossa ordinaria Accursii Florentini,
Venetiis, Johannes et Gregorius de Gregoriis (1485).

Index auctorum

L

M